"一带一路"
投资绿色标尺

丛书主编　王　文　翟永平
执行主编　曹明弟
主　　编　张俊杰

人民出版社

前　言

"一带一路"绿色金融工具的优化与创新

　　绿色金融作为一种以环境保护为基本政策的金融服务工具，将与环境相关的潜在回报、风险与成本纳入金融部门日常的投融资决策之中，通过支持环境保护、应对气候变化和资源有效利用相关的经济活动，促进社会的可持续发展。"一带一路"是中国借助既有的双多边机制提出的区域合作倡议，旨在打造政治互信、经济融合、文化包容的利益共同体、命运共同体和责任共同体。绿色金融可以利用经济激励或行政约束等手段鼓励"一带一路"绿色投资，使更多的清洁、绿色产业输入沿线地区。对绿色投资和绿色产品的适当定义是发展绿色金融的前提条件之一，也是"一带一路"

投资强化环境风险管理的重要依据之一。然而,目前国际社会尚未形成统一、明确的绿色项目判定依据。中国在绿色产业标准化方面的进程相对较快,但仍存在可操作性不足、及时性较差等方面的问题。

"一带一路"倡议在为我国企业提供良好境外投资机遇的同时,还需要建立企业境外投资方向的引导和规范机制,推动境外投资的持续健康发展,实现"一带一路"沿线国家互利共赢、共同发展的战略目标。绿色金融作为灵活的市场手段,将环境因素纳入企业的境外投融资决策过程之中,还需进一步开发理论基础扎实、适用性强的绿色投资评估工具,通过准入和评级等手段引导企业自觉开展环境友好型境外投资,规范"一带一路"境外投资的发展方向。

本书一共分为五章。第一章以世界银行、亚洲开发银行、亚洲基础设施投资银行和中国进出口银行为例,介绍了金融机构中现有的投资项目环境管理机制以及绿色金融在绿色标准化建设方面的进展与障碍。基于上述背景,提出"一带一路"投资的绿色属性识别机制。第二章和第三章分别关注投资活动因环境保护、应对气候变化而投入的额外成本以及产生的额外收益,在常规以现金流为主导的投资决策过程中引入新的评价指标,为投资项目绿色评估与评级提供基础。第四章关注绿色投资的绿色评级机制建设。本章在介绍已有绿色评级经验的基础上,提出投资项目绿色评级应遵循直接评估、灵活评估和动态评估的基本原则,并提出了具体的绿色评估方案。第五章以"中巴经济走廊"为背景,以一项中巴合作燃煤电站项目为案例,运用前四章中提出的绿色投资评估工具,具体评估该投资活动的绿色属性和等级。

目　录

第 一 章

"一带一路"投资的绿色属性界定

推动共建"丝绸之路经济带"和"21世纪海上丝绸之路"(以下简称"一带一路")是中国全面对外开放的总体方略,也是深化沿线国家经贸投资合作,共享发展机遇与成果的一种制度安排。2017年5月,环境保护部等四部委进一步联合发布《关于推进绿色"一带一路"建设的指导意见》,明确了"一带一路"建设的绿色化发展目标与任务,倡导建立绿色、低碳、循环、可持续的新型合作模式。

"一带一路"投资项目的绿色性是决定绿色"一带一路"建设效果的关键因素。"一带一路"沿线聚集众多新兴经济体国家,具备可观的增长潜势与活力,尤其在道路、管道、港口、能源基础设施、商贸物流中心等基础设施建设领域具有大规模投资潜力。2015年,中国企业对"一带一路"沿线国家约49个进行了直接投资,投资总额为148.2亿美元,比2014年增长了12.6%①。2016年1月—5月,中国企业对"一带一路"沿线国家的直接投资总额同比增长15.8%,占同期中国境内投资者对外直接投资总额的7.7%。然而与此同时,"一带一路"国家也存在脆弱的生态环境条件,普遍面临工业化和城镇化过程中的环境污染、生态退化等多重挑战。因此"一带一路"建设亟须跨越传统的"先污染,后治理"的发展路径,最大限度减少投资项目的生态环境影响,探索绿色可持续的发展模式。

绿色金融是支持环境改善、应对气候变化和使资源节约高效利用相关经济活动的金融服务工具,可以利用金融杠杆推动绿色"一带一路"的建设和发展,而绿色投资项目界定机制的缺失是在"一带一路"建设过程中发展绿色金融的首要瓶颈之一。绿色金融和产品的适当定义是发展绿色金融的前提条件,也是投资企业强化环境风险管理的重要依据。目前,国际社会尚未形成统一、明确的绿色属性认定标准。中国、孟加拉国和巴西虽已在国家层面推出了绿色信贷的定义和指标,国际资本市场协会(ICMA)和中

---

① 王文、曹明弟:《绿色金融与"一带一路"》,《中国金融》2016年第16期。

国金融学会绿色金融专业委员会也分别推出了绿色债券的"国际定义"和"中国定义",但这些界定标准尚未在国际社会中形成统一共识,甚至存在激烈争议。比如说,国际社会认为煤炭的清洁利用技术在应对气候变化方面的表现较差,不应作为绿色金融的支持对象,而对于中国而言,推进煤炭清洁高效利用可以有效防治大气污染,同样需要利用金融工具内部化其环境正外部性。

为突破绿色金融机制的应用瓶颈,设立"一带一路"绿色投资门槛,本章以"一带一路"建设中的重点投资产业和技术为研究对象,探究合理的、操作性高的投资项目绿色属性界定方式,旨在为"一带一路"金融机构提供实用的绿色投资判定与管理工具,为投资企业的自我环境评估和风险管控提供技术支撑。本章将首先综述全球金融机构中的绿色实践,并在此基础上提出投资项目的绿色属性界定机制。国家间差异化的环境治理优先事项和难度决定了投资项目绿色属性的相对衡量标准更加可行,而相对衡量过程中基准线的选择至关重要。基准线是判定投资项目绿色属性的重要标准之一,也是核算其额外绿色收益的重要依据。因此,本章将首先通过文献调研、专家访谈等方式,明确投资项目绿色属性判定基准线的确定方式。其次,在明确基准线情景的基础上,搭建绿色投资的识别机制和额外绿色收益核算方法。

第一节　全球金融机构的绿色实践

一、世界银行

世界银行①是联合国的下属机构,其职能以经营国际金融业务为主。在评估国际金融业务的过程中,世界银行将综合考虑投资项目的技术、经济、信托、环境和社会等多方面表现,实施多元决策的金融投资策略。其中,环境评估(Environmental Assessment, EA)工作的开展以《业务政策》(Operational Manual)中的 OP/BP (Operational Policies/Bank Procedures)4.01 为主要参考依据。《业务政策》是世界银行开展业务的指导文件,包含操作政策、指令、程序和其他指示,涵盖国家参与、发展政策融资、投资项目融资、项目结果融资以及咨询服务和分析等方面。其中,OP/BP 4.01 是为确保世界银行融资项目的环境友好性和可持续发展性而设置的规章制度。在该制度的指导下,世界银行在评估项目潜在环境风险和影响的基础上,审查项目备选方案,设计环境管理措施,通过防

---

① 世界银行是世界银行集团的简称,国际复兴开发银行的通称。

止、最小化、减轻或补偿不利环境影响,增强积极影响等方式,从项目的选择、选址、规划、设计和实施等多方面协助融资项目实现方案优化。

项目环境影响的评估不仅涉及自然环境(空气、水和土地)影响,还包含项目对人类健康和安全、社会发展(非自愿移民安置、原住民和物质文化资源)以及全球环境等方面的影响。

根据项目的类型、位置、敏感性、规模以及潜在环境影响性质及范围的不同,世界银行将待评估项目分为 A、B、C 和 FI 四类,并针对这四类项目提出了不同的环境评估要求:

(一)A 类。A 类项目可能对环境造成重大不利环境影响且该影响可能波及更大区域范围,需要提交完整的环境影响评估报告。

(二)B 类。B 类项目可能对湿地、森林、草原和其他自然栖息地等人类重要环境领域造成潜在不利影响,需要在项目评估文件中阐明此类项目的环境影响。与 A 类项目相比,此类项目更易采取防治措施。

(三)C 类。C 类项目环境影响很小或没有不利影响,仅需筛选识别主要的环境风险。

(四)FI 类。FI 类是指通过金融中介投资银行融资的项目,需要明确其可能造成的不利环境影响及其所属级别,并按照该级别的要求实施环境评估并递交评估报告。待评估项目可选择环境影响评估（Environmental Impact Assessment，EIA）、区域或部门环境评估、战略环境与社会评估（Strategic Environmental and Social Assessment，SESA）、环境审计、危害或风险评估、环境管理计划（Environmental Management Plan，EMP）和环境与社会管理框架（Environmental and Social Management Framework，ESMF）中的一种或多种方式完成项目环境影响的识别与分析。

环境评估报告是世界银行融资决策中的重要依据。其中，《世界银行环境健康与安全指引》①是世界银行明确项目污染排放及防治措施标准的重要依据，旨在支持融资项目的实施，解决极端贫困问题，促进共同繁荣发展。考虑项目所在国的立法背景和当地条件，世界银行也会采用各国环境保护有关部门提供的推荐排放水平和污染防治措施作为项目评估标准。除此之外，世界银行还会将各国的国家环境行动计划、法律政策要求以及有关国际环境条约和协定作为项目审批的评判标准。世界银行不会资助违反国家和国际环境保护义务的项目活动。若该项目曾开展过相关的环境评估工作，可直接提供给世界银行审查，以确保该评估满足相

①《世界银行环境健康与安全指引》（*World Bank Group Environmental Health and Safety Guidelines*），前身是污染防治与减免手册（*Pollution Prevention and Abatement Handbook*）。

关要求。环境评估不充分的项目则需继续开展公众参与、信息披露等额外的环境评估工作。

评估通过后,融资项目仍需按时向世界银行报告项目的环境风险管理情况,具体的报告内容包括:(一)环境评估报告中的环境管理要求及其实际实施情况;(二)环境风险缓解措施的实施情况;(三)监测方案的调查结果。

二、亚洲开发银行

亚洲开发银行(以下简称"亚行")是一个致力于促进亚洲及太平洋地区发展中成员经济和社会发展的区域性政府间金融开发机构。亚洲开发银行在《2008—2020 长期战略框架》中强调了环境保护的重要性,并将环境保护和应对气候变化工作作为亚洲开发银行的核心领域之一。《保障政策声明》(2009)确立了亚洲开发银行的环境保障审查程序,以确保投资项目符合相关法律法规要求,并且不造成严重的环境、健康、社会和安全影响。亚洲开发银行投资的所有项目必须符合《保障政策声明》的要求。

保障政策的目标是:(一)尽可能避免项目对环境和受影响人群产生不利影响;(二)如果负面影响不可避免,则尽量减轻和缓解项目对环境和受影响人群的不利影响,并/或给予补偿;(三)帮助借款人/客户强化他们的保障制度以及发展应对环境和社会风险的能力。

项目识别阶段,亚洲开发银行根据项目潜在的环境影响和风险进行项目分类。与世界银行类似,亚洲开发银行投资项目的环境分类包括:

(一)A类。如果拟定项目可能对环境产生重大的、不可逆转的、多种形式或没有先例的不利影响,将被归入A类。这些影响的范围可能会超出项目所在地的范围。

(二)B类。如果拟定项目对环境的潜在负面影响小于A类,将被归入B类。这类项目的环境影响局限于项目所在地,而且很少产生不可逆转的环境影响;与A类项目相比,B类项目在多数情况下都可以很快制定和采取减缓措施。

(三)C类。如果计划的项目只会对环境产生轻微的负面影响,或根本不会产生负面影响,将被归入C类。

(四)金融中介类。如果待议项目涉及亚洲开发银行金融中介或通过金融中介进行投资,将被归入金融中介类。

A类和B类项目都必须提交环境评价报告。报告的详细和复杂程度取决于项目的潜在环境影响和风险程度。环境评价报告需要包含以下内容:(一)政策、法律和管理框架;(二)项目说明;(三)环境描述(现状数据);(四)预期影响和减缓措施;(五)替代方案分析;(六)信息公开、公众参与和协商;(七)申诉机制;(八)环境管理计划;(九)建议与结论。

"经济评价"是亚行评估项目环境效益的重要措施。亚行指定的工程项目经济分析导则指出,任何产生一定环境影响的工程项目均需开展环境成本和效益评估。为了解决环境问题,使用自然资源和环境资源的项目应该支付全部的使用成本并且承担适当的减排费用。同样地,如果项目在实施过程中创造了环境效益,这些收益应该被重视并列入到项目的经济分析中。亚行在项目规划阶段主要关心的问题是,项目是否进行了适当的环境影响评估,采取了适当的缓解措施,其经济分析是否充分反映了环境成本(以货币还是非货币的形式都可)。

环境评估报告的经济分析应具体阐明:(一)环境影响的成本和效益;(二)缓解措施的成本、效益和成本效率;(三)涉及不能以货币价值描述的环境影响,应尽可能进行量化讨论。原始工程资料和相关文献资料是亚行项目环境经济分析的主要数据来源。环境经济分析原则上应使用原始工程资料数据,但当工程项目环境影响不明显,或进行环境影响预评估时,可以采用项目文献资料中的二手数据。即使在这种情况下,也需利用效益转换等方法保证二手数据在该项目评估中的适用性。另外,由于环境评估仅为亚行审核投资项目的一个环节,因此,环境评估中的"环境经济分析"应建立在项目总体评估的基础上,与行长建议报告书中的"项目经济分析"采用一致的评估思路和原则。

三、亚洲基础设施投资银行

亚洲基础设施投资银行(以下简称"亚投行")是由中国发起成立的亚洲区域多边开发机构,重点支持亚洲各国的基础设施建设。在可持续发展目标的指导下,亚投行强调以平衡、综合的方式处理经济、社会和环境可持续发展三者的关系。

与世界银行和亚洲开发银行类似,亚投行同样将所有投资项目分为四类,并强调将环境影响和社会影响纳入同一分析框架,以综合评估的方式分析项目在环境和社会两方面伴随的风险和影响,并对该影响提出相应的缓解和监测措施。亚投行的环境、社会综合评估框架包括:(一)项目描述,包括项目的性质和规模。(二)项目适用的政策、法律和行政框架,包括适用于该项目的国际和国内法律框架。(三)范围界定,包括利益相关者识别和咨询计划。(四)比较替代方案,包括项目开发阶段相关项目的替代方案和"无项目"情况,并记录用这些投资替代方案来解决发展目标的理由或是这些技术替代品在项目中的位置、设计、技术和操作。(五)确定环境和社会评估的基准情景及相关数据。(六)评估环境和社会的风险和影响,包括可预测和避免的风险和影响,不可避免但可尽量减少风险和影响(包含减少环境和社会影响的成本分析)。环境和社会影响评价可采用常规的战略和项目环境、社会影响评价工具,并可酌情采用环境审计、危害和风险评估、应急计划等工具。(七)公众咨询和信息披露。(八)以《环境与社会管理计划》(Environment and Social Management Project,ESMP)或《环境与社会管理计划框架》(Environment and Social Management Project Framework,ESMPF)为依据制定项目减排、监测和管理环境和社会风险及影响的措施和行动。

四、中国进出口银行

中国进出口银行是由国家出资设立、直属国务院领导、支持中国对外经济贸易投资发展与国际经济合作、具有独立法人地位的国有政策性银行,在稳增长、调结构、支持外贸发展、实施"走出去"战略等方面发挥了重要作用。中国进出口银行高度关注客户的环保风险隐患,实施严格的准入标准,将客户和项目的环境和社会风险状况作为受理授信业务时的调查重点,要求对境内外贷款项目社会效益有关情况的合规性、真实性和风险状况进行全面、深入、细致的调查并形成尽职调查初步意见。

中国进出口银行在投资项目审查阶段执行严格的评审标准，建立并实施"环保一票否决"机制，坚持做到"四个不提供"：不符合相关国家环评、节能审查和土地预审要求的项目，不提供各类授信支持；不符合相关国家产业政策和本行授信政策的项目，不提供各类授信支持；列入国家淘汰类的项目，不提供各类授信支持；违规建成的项目，不发放流动资金类贷款。

中国进出口银行要求支持的项目须符合我国及项目所在国的相关环保政策和法律法规，并取得必要的我国有权审批机关及项目所在国的批准，相关审批手续完备。如项目所在地环境保护机制不健全、缺乏相应的环境和社会影响评价政策与标准，进出口银行将参照我国标准或国际惯例进行审查。在实际操作中，评估审查部门严格执行上述要求，将取得项目所在地环境保护部门的批准作为送审的前提条件和要素之一，将环保风险作为项目风险分析中不可或缺的重要部分。同时，重点加强对拟授信客户的合规审查，并制定了相应的规范性要求。在审查过程中，如发现某项目存在环境影响评价不完备等情况，审查部门将采取暂缓审批或退卷等措施。

中国进出口银行还根据客户和项目的环境和社会风险的性质和严重程度，确定合理的授信权限和审批流程。如钢铁、水泥、平板玻璃、电解铝、船舶、光伏等产能过剩行业的新增产能境内固定资产投资项目统一由总行审批,以进一步加强对上述行业的产能控制和环保审核①。

综上所示,现有金融机构在项目环境效益评估过程中,多以项目实施可能造成的环境影响为评估重点,通过项目环境风险识别、环境风险评估、信息公开和环境管理跟踪评价等方式,明确项目实施可能造成的环境损害及其程度。在此基础上,提出环境影响的减缓措施,约束投资项目的环境行为。此类评估工作可在一定程度上为投资项目设立准入门槛,但无法将环境评价融入投资机构的总收益核算之中,未形成项目间的优胜劣汰机制。为减缓建设项目造成的环境影响,多数国家及机构均采取环境影响评价机制,调查、预测和评价项目对周围地区可能造成的环境影响,并提出防治环境污染和破坏的具体措施。但该评估结果多为物化指标,不包含投资项目所伴随的绿色增值效益及货币化结果,无法为"一带一路"投资项目的绿色效益评估提供支撑。亚行虽在项目环境评价的经济评价环节强调明确环境影响的货币化结果,但仍未形成具体的量化标准及导则。世界银行、亚洲开发银行等国际金融机构均将绿色及可持续发展理念作为投融资项目中的重要参考因素并出台了具体的环境效益核算导则,但此类导则多存在评估范

① 中国进出口银行:《中国进出口银行绿色金融白皮书》,2016 年版。

围较窄、侧重定性评估等问题,尚未形成一套多方认可的绿色投资界定机制和绿色效益通用货币化模型,亟须形成具有实用价值的投资项目绿色属性判定机制,为"一带一路"投资项目绿色金融体系的发展提供基础性决策工具。

第二节　金融政策中的绿色界定标准

"绿色"或"棕色"是评价投资项目环境表现的相对概念,需要落实为绿色金融政策实施过程中的具体手段。现有研究多通过列举投资项目或技术的方式将这一模糊的评判方式具象化。但由于不同国家间存在差异化的环境管理优先事项和管理难度,这种评判方式往往难以形成国际共识。因此,判定投资项目的绿色属性应结合投资目的国的环境管理需求,并设置可量化的衡量指标。为此,本节将首先综述绿色金融领域已有的投资项目绿色属性判定方式,提出目前存在的主要问题。其次,基于国内外环境管理政策基准线的制定经验,提出投资项目绿色属性衡量指标的设计原则。最后,提出"一带一路"投资项目绿色属性的判定标准。

一、绿色债券

绿色债券是指金融机构法人依法发行的、募集资金用于支持绿色产业并按约定还本付息的有价证券。人民银行和国家发展和改革委员会(以下简称"发改委")先后在2015年12月出台的《绿色债券支持项目目录》和《绿色债券指引》中给出了绿色债券的适用项目范围界定标准。国家发改委于2015年12月发布的《绿色债券发行指引》指出,绿色债券现阶段的支持重点包含节能减排技术改造项目、绿色城镇化项目、能源清洁高效利用项目等12大类(如表1所示)。中国人民银行于2015年12月发布的《绿色债券支持项目目录》给出了更为细致的绿色产业界定参考范围。该范围包括节能、污染防治、资源节约与循环利用、清洁交通、清洁能源、生态保护和适应气候变化等六大类,每大类绿色产业又可细分为若干小类。该目录以国家颁布的产业标准为基础,针对每类绿色产业做出了细致的界定和说明,且注明了相关的国民经济行业分类名称和代码,为绿色债券的发行提供了更加细致、可行的行业指导。

表 1 《绿色债券发行指引》中的 12 类重点支持项目

项目类型	项目内容
节能减排技术改造项目	燃煤电厂超低排放和节能改造、余热暖民等余热余压利用、燃煤锅炉节能环保提升改造、电机系统能效提升、企业能效综合提升、绿色照明等
绿色城镇化项目	绿色建筑发展、建筑工业化、既有建筑节能改造、海绵城市建设、智慧城市建设、智能电网建设、新能源汽车充电设施建设等
能源清洁高效利用项目	煤炭、石油等能源的高效清洁化利用
新能源开发利用项目	水能、风能、核能、太阳能、生物质能、地热、浅层地温能、海洋能、空气能等开发利用
循环经济发展项目	产业园区循环化改造、废弃物资源化利用、农业循环经济、再制造产业等
水资源节约和非常规水资源开发利用项目	节水改造、海水（苦咸水）淡化、中水利用等
污染防治项目	污水垃圾等环境基础设施建设,大气、水、土壤等突出环境问题治理,危废、医废、工业尾矿等处理处置
生态农林业项目	发展有机农业、生态农业,以及特色经济林、林下经济、森林旅游等林产业
节能环保产业项目	节能环保重大装备、技术产业化,合同能源管理,节能环保产业基地（园区）建设等
低碳产业项目	国家重点推广的低碳技术及相关装备的产业化,低碳产品生产项目,低碳服务相关建设项目等
生态文明先行示范实验项目	生态文明先行示范区的资源节约、循环经济发展、环境保护、生态建设等项目
低碳发展试点示范项目	低碳省市试点、低碳城（镇）试点、低碳社区试点、低碳园区试点的低碳能源、低碳工业、低碳交通、低碳建筑等低碳基础设施建设及碳管理平台建设项目

16

为全面贯彻落实《中共中央国务院关于加快推进生态文明建设的意见》和《关于构建绿色金融体系的指导意见》,引导证券交易所债券市场进一步服务绿色产业健康有序发展,助推我国经济发展方式转变和经济结构转型升级,中国证监会于2017年3月发布《中国证监会关于支持绿色债券发展的指导意见》(以下简称《意见》)。《意见》指出,绿色公司债券募集资金投向的绿色产业项目主要参考《绿色债券支持项目目录》要求,重点支持节能、污染防治、资源节约与循环利用、清洁交通、清洁能源、生态保护和适应气候变化等绿色产业。除此之外,意见还要求拟发行绿色公司债券的发行人原则上不得属于高污染、高能耗或其他违背国家产业政策导向的行业。重点支持下列主体发行绿色公司债券:1. 长期专注于绿色产业的成熟企业;2. 在绿色产业领域具有领先技术或独特优势的潜力企业;3. 致力于中长期绿色产业发展的政府和社会资本合作项目的企业;4. 具有投资我国绿色产业项目计划或致力于推动我国绿色产业发展的国际金融组织或跨国公司。《意见》作为支持绿色债券政策发展的支撑性文件,明确了以《绿色债券支持项目目录》为基础的资金投向产业界定,也明确了绿色债券发行公司的范围要求,在绿色债券领域形成了相对统一的绿色标准。

二、绿色信贷

绿色信贷政策是在间接融资方面,通过各银行金融机构积极配合执行环保政策,依据信贷投放"区别对待、有保有压"的原则,在企业间接融资方面形成的"守信激励,失信惩戒"的绿色约束机制。在绿色信贷运作过程中,商业银行等金融机构依据国家的环境经济政策和产业政策,对符合国家产业政策和环保要求的企业、节能减排项目给予信贷支持,增加授信额度,加大对节能减排领域的投入;对于不符合产业政策、市场准入条件、技术标准的项目,不得提供授信支持;对属于产能过剩的产业项目,要从严审查和审批贷款。绿色信贷政策的目的是引导资金和贷款流入促进国家环保事业的企业和机构,并从破坏、污染环境的企业和项目中适当抽离资金和贷款,从而实现资金的"绿色配置",促进社会与经济朝着更加健康以及更符合人与自然和谐共生的方向发展①。

银监会 2012 年发布的《绿色信贷指引》是我国绿色信贷体系的核心,该指引将绿色信贷的核心内容归纳为以下三个方面。首先,绿色信贷帮助银行发挥资源配置功能,将信贷资金重点投放到

---

① 陈柳钦:《国内外绿色信贷的实践路径》,《环境经济》2010 年第 12 期。

低碳经济、循环经济、生态经济等领域,促进绿色产业、绿色经济的发展。其次,绿色信贷要求银行加强环境和社会风险管理,建立起全面的环境和社会风险管理体系,在向客户提供金融融资等服务时,评价、识别企业和项目潜在的环境与社会风险。再次,绿色信贷帮助银行提升自身环境和社会表现,从而实现银行的可持续发展。《绿色信贷指引》虽未给出具体的绿色产业界定,但明确要求银行等金融机构制定针对客户的环境和社会风险评估标准,对客户的环境和社会风险进行动态评估与分类,相关结果应当作为其评级、信贷准入、管理和退出的重要依据,并在贷款"三查"、贷款定价和经济资本分配等方面采取差别化的风险管理措施①。

在此基础上,中国银监会于 2013 年印发《绿色信贷统计制度》,提出以半年为周期组织国内 21 家主要银行业金融机构开展绿色信贷统计工作。具体的统计口径包含以下四方面内容:一是银行涉及落后产能、环境、安全等重大风险企业的信贷情况;二是银行开展的绿色信贷情况;三是绿色信贷的资产质量情况;四是从标准煤、二氧化碳减排当量、化学需氧量、氨氮、二氧化硫、氮氧化物、节水等七项指标来系统性测算贷款支持的节能环保项目所形成的年节能减排能力。其中,对绿色信贷的统计数据口径可以在

---

① 钱立华:《我国银行业绿色信贷体系》,《中国金融》2016 年第 22 期。

一定程度上反映绿色信贷制度对绿色投资的界定,具体包括工业节能节水环保项目、可再生能源及清洁能源项目、建筑节能及绿色建筑项目、垃圾处理及污染防治项目、自然保护、生态修复及灾害防控项目、资源循环利用项目、绿色交通运输项目、农村及城市水项目、节能环保服务、绿色农业项目、绿色林业项目等。

综上所述,目前国际社会尚未形成统一、明确的绿色投资判定依据,中国的绿色产业标准化进程相对较快,已在绿色贷款、绿色债券等绿色金融政策领域取得一定进展。但现有标准体系仍存在以下几方面缺陷,无法满足"一带一路"绿色投资的政策引导作用。首先,统一的绿色产业界定仍然缺位。中国证监会于 2017 年3 月发布的《中国证监会关于支持绿色债券发展的指导意见》虽明确了《绿色债券支持项目目录》是绿色债券募集资金投向的主要参考依据,但该绿色投资目录的适用范围较窄,未在绿色贷款、绿色债券、绿色保险、绿色基金等绿色金融政策间形成统一标准。其次,现有标准多采用绿色投资列举法的方式来进行产业类型划分,该界定方法虽可在一定程度上描绘出绿色投资的涵盖范围,但仍是一种模糊化的界定方式,需要项目评估者在项目特征和适用范围间进行人为匹配。即使《绿色债券支持项目目录》已经十分详细地描绘了各类绿色产业可能涵盖的项目类别,但仍无法穷举所有绿色投资,导致绿色产业界定过程中可能会出现模棱两可、难以决策的情况,难免增加绿色产业的识别成本。第三,现有界定方式存在一定的滞后性。绿色投资目录是对已有绿色投资与技术的归纳与总结,在对未来投资项目进行绿色性评判时必然存在一定的局限性。在目前低碳、环保技术更新换代速度极快的产业发展背景下,绿色投资列举法的滞后性难免会给绿色金融制度的有效性造成影响。第四,绿色信贷政策虽在地方试点推行过程中形成了基于企业环境信息评价的分级机制,并根据该分级机制实施了差异化的信贷政策,但该评价指标掺杂了企业环境管理合规度等方面的信息,无法完全体现投资项目的生态、环境影响。因此,仍需在国内外现有绿色金融标准的探索经验之上,开发更适用于"一带一路"投资的绿色属性界定标准。

第三节 "一带一路"投资绿色属性界定机制

一、绿色投资"基准线"

各国环境治理优先事项和难度的差异化是国际社会难以实现绿色属性界定标准化的主要原因。一方面,各国的环境治理优先事项不同。中国等发展中国家除了需要应对气候变化之外,还要解决大气、水体、土壤污染等诸多传统环境问题。相比之下,发达国家的传统环境问题已不显著,在界定投资项目、技术的绿色属性时更加强调其碳减排能力。另一方面,各国的环境治理难度不同。由于不同国家的生态环境条件与社会经济发展状态不同,各国的环境容量也存在显著差异,因此对减排技术的减排强度要求不同。比如说,发展中国家虽然在多数环境保护领域的技术进步步伐略慢于欧美发达国家,但在大气污染治理领域,中国已出台"史上最严"的火电厂大气污染物排放标准。2015 年国家发改委出台的新国标实施了更加严格的"超低排放改造标准",即在基准含氧量6%的条件下,烟尘、二氧化硫、氮氧化物排放浓度分别不高于$10mg/m^3$、$35mg/m^3$、$50mg/m^3$,远低于美国和欧洲的火电厂排放限值。该差异的存在取决于国家间差异化的污染减排需求而非能力。欧美地区大气环境容量大,因此,符合欧美环境质量要求的减排技术未必能够达到中国的绿色发展技术要求。由此可见,在项目投资绿色属性的标准化过程中,与绝对概念相比,基于绿色投资意义的相对衡量标准更为可行。

投资项目绿色属性的衡量标准是判断投资项目是否为绿色投资的重要依据,是绿色投资在某项环境特征上的最低表现。投资项目达到衡量标准时所处的项目情景为识别和分析绿色投资的"基准线"情景。对基准线的讨论常见于清洁发展机制

（Clean Development Machine，CDM）和碳排放权交易市场的相关研究中。根据政策和研究目标的不同，基准线有不同的定义和用途。常见的基准线定义包含两种：第一种基准线（Baseline）是假设没有实施所讨论的政策或项目的虚拟情景。在这种情境下，各项社会、经济、环境指标照常发展，作为衡量所讨论的政策或项目有效性的重要参照。例如，在分析 CDM 项目的减排能力时，可以通过对比基准线情景与 CDM 情景下的区域排放量来计算 CDM 项目实现的额外减排效果，即在虚拟情境下不会发生的减排量。第二种基准线（Benchmark）是针对所讨论的政策或项目而设定的环境表现目标，旨在引导政策或项目将其环境表现改善到某一水平。例如，基准线法是碳市场中常用的排放权分配方法，即将某一排放强度作为基准线，根据该基准强度和实际产量来确定某一企业或机组的初始排放权分配量。在该方法作用下，排放强度高于该基准线的企业或机组将通过减排或购买排放权的方式合规，从而使社会平均排放强度向基准线水平靠拢。判定投资项目绿色属性的基准线情景是绿色投资与非绿色投资的临界状态，即绿色投资的环境表现应在基准线情景之上，更接近于第二类基准线定义。

在基准线的设定过程中应考虑多个维度的影响因素：

1. 衡量范围

衡量范围指的是基准线作为参照指标的作用范围,具体包括地域范围和经济活动范围。地域范围方面,如果所研究政策或项目在不同地域的投入、产出和生产过程较为接近,则可以在不同地域间采用同一个基准线;如果在不同地域间,所研究政策或项目的投入、产出、生产过程差异较大,导致环境影响明显不同,则需要在不同地域间分别设置基准线。经济活动方面,需要根据研究需求确定采用相同基准线的生产部门范围,具体包括技术部门、产品部门或工业部门。"一带一路"沿线国家在经济发展阶段、社会政治体制等方面差异较大,在判定投资项目的绿色属性时应以国家为单位设置基准线。绿色"一带一路"发展强调为沿线国家输入环境友好型的基础设施服务,因此,应基于产品部门设置基准线,从而筛选出环境影响较小的投资项目。例如,在支持电力部门绿色投资项目或技术时,应基于电力项目设置基准线,在煤电、油电、气电、风电等不同发电技术间择"绿"投资。

2. 衡量指标

衡量指标指的是衡量所研究项目和政策的环境治理效果的具体指标,包括覆盖的污染物种类和衡量单位。污染物种类方面尤其需要分析是否将排放量较小的污染物纳入考量范围之内。可供选择的衡量单位包括:(一)总排放量;(二)直接或间接排放量;(三)单位产品排放、单位产能排放、单位热量排放、单位能耗排放等排放强度指标。衡量单位的选择需综合考虑政策或项目特征与目的。例如,提高能源效率降低电量损耗的项目会间接地减少上游发电厂的排放,则在设定基准线时要确定是否将这类间接排放也考虑进来。又如,评估碳市场减排效果时,选择碳排放总量作为基准线衡量单位有利于控制区域内的总排放规模,但也会增加因经济活动规模过度收缩或扩张导致市场排放配额冗余或紧缺的风险。在判定投资项目和技术的绿色属性时,由于不同项目的产量规模差异较大,应选取投资项目或技术主要污染物的单位产品排放强度作为衡量单位,且只考虑项目运行中的直接排放,不考虑受其影响产生的上游或下游间接排放。

3. 基准线水平

基准线水平指的是对所研究政策或项目在特定环境表现方面的基准要求水平。碳市场通常根据三种基准线水平分配排放配额,分别为:(一)市场个体的平均水平;(二)略低于平均值的水平,例如平均值的90%;(三)表现较优市场个体的平均水平。例如,按照环境表现的优劣水平排序所有市场个体,选出环境表现最优的、累计产能占比达到一定比例(通常为10%或20%)的企业,计算其平均水平(如表2所示)。基准线计算过程中,市场个体的选取方式也将影响基准线水平的高低。其中,市场个体的投产日期越近,越接近于未来的发展趋势,就能越好地模拟未发生所研究政策或项目时的虚拟情景。

表2 基准线设定方式及其案例

基准线设定方式	实际案例		
	碳市场	涉及行业	配额发放方式
碳排放平均水平	中国区域碳市场试点(全国待定)	水泥等	免费发放(基准线法)
		电力、热力、钢铁、石化、油气开采	免费发放(电力行业基准线法)
碳排放前10%最优表现的平均水平	欧盟碳市场	电力、工业设施等	免费发放(第三阶段基准线法)、拍卖
碳排放平均水平的90%	加州碳市场	电力、工业设施、炼油等	免费发放(基准线法)、拍卖

在判定投资项目的绿色属性时,基准线水平的确定应根据绿色投资的战略意义而定。现有研究主要从两方面理解绿色投资、技术的投资意义:

(1)绿色投资项目可以帮助投资目的国避免"先污染后治理"的发展模式,最终实现绿色发展。

环境库兹涅茨曲线可以在一定程度上具象化"先污染后治理"和绿色发展两种发展模式,并指出绿色投资在此过程中发挥的作用。依据环境库兹涅茨曲线,当一个国家的经济发展水平较低时,环境污染的程度也较轻。随着人均收入的增加,环境污染将由低趋高,即经济的增长将加剧该地区的环境恶化程度。但当经济发展水平达到某一"拐点"时,环境污染将由高趋低,环境质量将随着经济的发展而逐步改善,如图1所示。但在各国环境容量有限的情景下,经济发展造成的环境影响若超出当地的最大容纳量,即超出安全阈值时,当地的生态平衡和环境功能将遭到破坏,出现严重的环境污染事件,如"伦敦烟雾事件""洛杉矶光化学烟雾""日本水俣病""北京雾霾"等。此类发展模式即为"先污染后治理"。若该国的经济发展在污染影响超出安全阈值前出现拐点,则经济发展不至于引发环境损害,即可在生态环境容量和资源承载力的约束下,平衡经济发展与生态保护,实现绿色发展。在"一带一路"倡议中,绿色投资与技术在提供基础设施建设服务的同时,应帮助投资目的国减缓环境损害的上升坡度,将经济发展拐点时的环境影响降到安全阈值之下,从而帮助"一带一路"沿线国家避免"先污染后治理"的发展模式,实现绿色发展。若定义绿色发展模式下经济发展程度与特定环境污染指标的相关关系为"绿色发展曲线",则该曲线中特定经济发展程度对应的污染指标水平便为某地区在该经济发展程度下的污染上限,绿色发展曲线即为该污染上限的动态变化趋势。

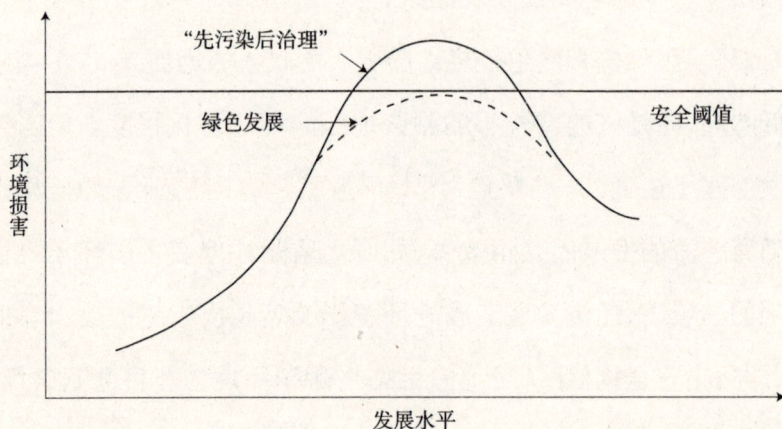

图 1　环境库兹涅茨曲线

　　但在实际分析过程中,"绿色发展曲线"的量化难度较大。"一带一路"沿线国家多处于经济发展的初级阶段,模拟未来的发展趋势需要参照已实现绿色发展的发达国家的发展轨迹,并且要求参照国与投资目的国具备类似的环境容量和经济社会特征。实际上,包括美国、英国在内的多数发达国家均存在先污染后治理的发展历程,实现绿色发展的发达国家案例较少,且多与"一带一路"国家存在不同的环境损害安全阈值和较大的社会文化差异。因此,从绿色发展的"结果端"难以倒推绿色投资的环境表现基准线。在此情况下,可以尝试从绿色发展的"手段端"出发衡量某投资能否帮助投资目的国实现绿色发展。

　　"一带一路"沿线国家均遵循可持续发展理念,积极应对气候

28

变化。截至 2017 年 4 月,已有 69 个"一带一路"沿线国家签署了《巴黎协定》,66 个国家制定并提交了各自的国家自主贡献(NDC),向国际社会作出了减缓和适应气候变化的承诺。其中,超过四分之三的"一带一路"沿线国家根据各自的国情和能力,提出了多样化的国家自主贡献减缓目标形式,并为实现国家自主贡献减缓目标,建立应对、适应气候变化机制机构、完善基础设施建设,从电力、交通、农业、林业、工业和废弃物等部门制定减排政策。因此,投资目的国在环境保护和应急气候变化等方面的战略要求是"绿色发展"的一种间接描述。绿色投资项目、技术应不影响投资目的国实现上述国家战略,符合相关政策要求。

(2)绿色投资项目应使投资目的国的生产技术向更为绿色的方向发展,即绿色投资技术的环境和气候表现应优于现有生产技术的平均水平。

依据该理解,投资项目绿色属性判定的基准线应为未实施绿色技术时,投资目的国实现某项基础设施服务的环境和气候表现平均水平。以电力服务为例,绿色投资项目的环境和气候变化影响应小于现阶段投资目的国包括煤电、油电、气电、风电等不同发电技术在内的环境和气候变化影响平均水平。

通过实际调研的方式收集行业数据是核算投资目的国实现特定基础设施服务的环境和气候变化影响平均水平的最佳方式,但该方法对投资目的国的环境管理能力和信息公开程度要求较高，且需要较高的行政成本和时间成本。除直接核算外，还可选择合适的指标表征当地生产技术环境表现的平均水平。在绿色投资、技术成本普遍较高的情况下，投资企业作为理性经纪人通常会将环境表现改善到合规水平为止，以追求企业经济利益的最大化。由此可见，地方法律标准可以在一定程度上表征某项技术在投资目的国的环境和气候变化影响平均水平。因此，在模拟某项基础设施服务的投资项目绿色属性判定基准线时，可以该基础设施服务中各项主要生产技术的产量比例为权重（ $\frac{q_i}{Q}$ ），加权平均其主要环境和气候变化影响物的排放标准（ T_i ），以此得到未投资绿色投资时，投资目的国提供该产品、服务的加权平均环境影响，并将其作为投资项目绿色属性的衡量标准（ A_b ）。计算公式如下所示：

$$A_b = \sum \left(\frac{q_i}{Q} \times T_i \right) \tag{1}$$

二、"一带一路"投资项目的绿色界定

投资项目的绿色属性界定是投资项目进入"一带一路"沿线

国家的绿色准入门槛,是金融机构进行绿色金融政策决策的首要环节。依据绿色投资项目、技术的投资意义,在投资项目符合"一带一路"的基础设施建设需求的情况下,应从以下两方面设定绿色投资的界定标准(如表 3 所示)。

表 3 投资项目绿色属性的界定思路与识别机制

	绿色投资意义	绿色属性界定思路	绿色属性识别机制
1	推动投资目的国实现绿色发展	不阻碍投资目的国实现其环境保护和应对气候变化的国家战略	投资项目应符合项目所在国的相关环保政策和法律法规
2	推动投资目的国基础设施建设的绿色化发展	使投资目的国基础设施建设技术的主要环境和气候变化影响平均水平不断下降	投资项目主要环境污染物和温室气候排放应低于投资目的国相关产品生产技术的排放标准加权平均水平

首先,绿色投资项目应推动投资目的国实现绿色发展,不应阻碍投资目的国实现其环境保护和应对气候变化的国家战略。要求绿色投资项目必须符合项目所在国的相关环保政策和法律法规,不符合投资目的国环境影响评价要求、节能审计要求、土地审批要求的项目,不列入投资目的国产业政策支持目录的项目,和列入国家淘汰类、限值类淘汰目录的投资项目不予纳入绿色投资项目行列。

其次,绿色投资项目应推动投资目的国的基础设施建设向绿

色化方向发展,使其基础设施建设的环境和气候变化影响不断变小。具体判定过程如下:

第一,计算投资目的国在某项基础设施建设的环境和气候变化影响强度平均水平。首先识别投资目的国实现某项基础设施服务的主要生产技术及其产量结构。其次,利用产量结构加权平均各项生产技术的环境污染和温室气体排放标准,用于表征投资目的国现阶段实现该基础设施服务的环境和气候变化影响平均水平,即"绿色投资界定基准线"。

第二,利用"绿色投资界定基准线"判定投资项目的绿色属性。绿色投资项目的环境和气候变化影响不应高于未投资该项目时,投资目的国实现该基础设施服务的环境和气候变化影响平均水平。

第 二 章

"一带一路"投资的绿色额外收益评估

投资项目绿色额外收益评估是通过货币化方式量化绿色投资项目环境效益的社会价值,即评估与基准线情景相比,绿色投资产生的额外减排量的货币化价值。绿色投资项目额外收益评估对金融机构的绿色金融政策设计具有重要意义,其货币化的分析方式一方面可以实现大气、水、噪声、气候变化等不同介质环境影响的综合分析,另一方面可以将投资项目的环境影响与财务成本、收益转化到同一分析维度,全面分析绿色投资的投资风险。首先,本章将依据环境政策的费用效益分析理论基础,提出投资项目绿色额外收益评估的基本步骤与方法。其次,以效益转移法为例,在综述各类污染减排和气候治理价值评估案例的基础上,提出可行的投资项目绿色额外效益货币化方式。最后,构建投资项目绿色额外收益评估的核算模型。

第一节　绿色收益的评估步骤与方法

评估投资项目绿色额外收益需首先单独量化绿色投资的各项主要额外收益,然后通过加总的方式得到绿色额外总收益。量化过程包括以下三个主要步骤:

一、绿色投资的环境效益类型

首先,通过了解绿色投资项目的技术特征,明确其减排的主要污染物或温室气体类型及具体物质。环境污染物或温室气体类型可依据环境介质进行划分。世界银行将环境影响的评估对象分为大气污染与空气质量、水污染与水环境质量、节约能源、节约水资源、危险物质管理、废弃物管理、噪声和土地污染八项。亚洲基础设施投资银行的环境影响评估对象包含空气质量、水环境质量、自然资源中的土地、水源和生态系统等。"一带一路"投资项目的绿色额外收益评估可着重关注绿色投资伴随的大气污染、水污染、固体废物污染、噪声和气候变化等五项环境污染或气候变化影响物质减排,并量化其社会收益。

其次,描绘各类污染物或温室气体的物理影响,确定与其相关的环境收益类型。总体来讲,环境污染物及温室气体减排可带来的环境收益及经济价值类型可分为使用价值和非使用价值(如图2所示)。

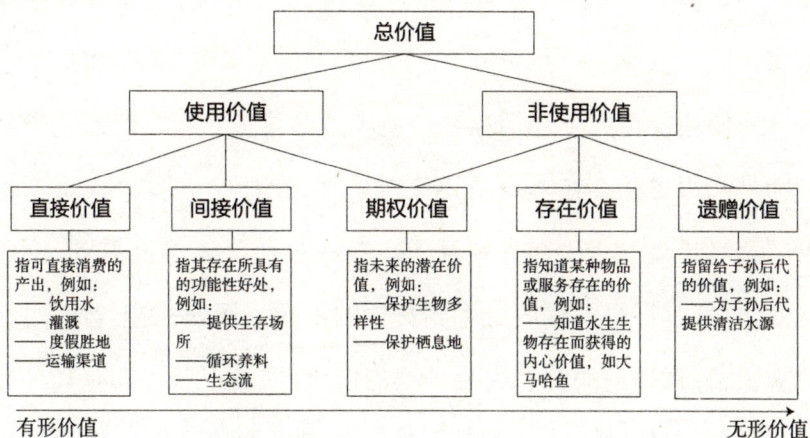

图 2　经济价值分类①(EPA,2014)

使用价值主要包括直接价值和间接价值,其中直接价值多通过分析对象所能提供的物品和服务体现,间接价值则更多地

---

① EPA,Guidelines for preparing economic analyses,Washington,DC,2014.

涉及分析对象对于其所在的生态系统运行贡献的价值。例如，水体能带来的直接价值主要有生鲜类产品、垂钓度假服务等，而间接价值则包括促进生态系统循环对应的价值。直接价值和间接价值一般都发生在当期，使用价值还包括未来存在的直接或间接价值。对于这种在不远的将来当代人自己可以享用的价值，我们称作期权价值。期权价值本质上是一种选择价值，比如减少水污染排放保留了在未来使用干净水源或者保留水生生物多样性的多种可能性，即保留了选择权，而这种选择权本身具有价值。

非使用价值主要包括存在价值和遗赠价值。存在价值是指某种物品和服务的存在本身所带来的价值，比如绝大多数人可能都希望大马哈鱼一直生存在地球上。存在价值是人类世界观、价值观的体现，并在很大程度上受到文化的影响。例如，在土著人的价值观里，森林和河流都有极为神圣的地位，飞禽走兽也都有其各自存在的意义，但由于认识的局限性对世界其他角落的生物种类则了解较少。相对来讲，现代人多以稀松平常的心态看待周围的生物，对稀有物种和濒危生物体则现出更多的关注。遗赠价值指留给子孙后代的价值，可持续发展中"以不损害后代人的需求为前提"体现的就是遗赠价值。非使用价值中也包括期权价值，即保留物品和服务内在价值和遗赠价值的未来选择权所对应的价值。

期权价值和遗赠价值的区别在于,遗赠关注的是子孙后代,而期权价值则是当代人可以行使的选择权。

相关效益的界定至关重要,即什么样的收益要纳入到估算范围内。比如在分析减少温室气体排放的政策时,是否要包括随着碳排放而减少的其他污染气体带来的健康收益。在分析应对空气污染的政策带来的好处时,除了死亡人数下降、呼吸道疾病患者减少、高速路交通事故减少这些收益外,是否要考虑和人们生活息息相关但更难衡量的一些心理收益,比如经常看到蓝天、老人能更经常去公园散步、年轻人可以增加户外运动带来的愉悦心情等。在理想情况下,所有涉及到的效益都应该加以分析,但现实中,首先要保证主要收益纳入分析,然后在时间和条件允许下,进而考虑相对次要的收益。一般来讲,是否包括某项收益主要取决于这项收益的重要程度,尤其是会不会显著影响到决策。假设空气质量提高带来的健康收益是 5000 万元人民币,而心理收益是 50 万人民币,那么在经济学上我们称这里的健康收益为主要收益,而心理收益是次要甚至第三位的收益。

二、环境效益端点的量化

确定绿色投资的主要减排物质及其收益类型后,项目分析人员需借助项目数据、以往研究和专家经验来衡量各项效益的大小。例如水污染可能通过生物富集效应使周围居民的癌症患病率上升。因此，在评估某项水污染减排项目的健康效益时，需要计算该项目相对于基准情景所降低的癌症患病率。估算患病率的变化需以流行病学中的剂量反应函数为基础。剂量反应函数可以将污染物浓度的变化转化成健康指标的变化。在实践中，并非所有健康变化都有对应的流行病学研究做支撑，而且每项研究结果的可靠性都受限于污染特征及其受体特征。因此，所参照的研究成果与评估对象的契合度对环境政策效益量化的准确性影响很大。

三、环境效益端点的货币化

效益端点的货币化分析通常通过衡量相关个体的对该效益的支付意愿来获得。[①] 支付意愿指个体愿意为得到某种收益而支付的最大金额。与之相对应的是接受意愿，即个体针对某种损失愿意接受的最小赔偿金额。如果想要分析一个城市污水治理项目的收益，我们可以调查受污水影响的城市居民愿意付多少钱来避免

---

① 李雅婷、李青染等：《中国环境政策费用效益分析方法的构建与应用》，2017年5月。

污水带来的健康影响和景观影响,即支付意愿,也可以调查要给城市居民赔偿多少钱他们才愿意在周围建造一个会产生污水的项目,即接受意愿。

对于有活跃市场的商品,假设市场是有效的,研究者可以使用市场价格来衡量支付意愿。如果可以依据市场估计出消费者的需求曲线,对应的消费者剩余则可以用来衡量消费者福利的变化。现实生活中,市场可能面临各种扭曲,包括垄断、外部性、税收和补贴的影响等,在这些情况下市场价格不能直接作为支付意愿的参考。更重要的是,在绿色投资的额外收益评估中,收益往往没有直接的市场可以衡量,比如人们愿意为更加清洁的空气愿意支付多少钱,并没有一个直接的市场价格。为了估计此类问题,环境经济学有两种主流方法(如图3所示)。一种是基于显示性偏好的支付意愿法,即从其他市场行为中推导出个体对无市场物品的支付意愿,比如通过对比不同环境条件下的房价来给更好的环境定价。另一种是基于叙述性偏好的支付意愿法,最常见的是利用问卷调查的手段来直接询问人们对于无市场物品的支付意愿。

(1)基于显示性偏好的支付意愿分析

基于显示性偏好的支付意愿分析(以下简称"显示性偏好方法")是指基于在真实市场中消费者、工人或其他市场参与者的真

实行为对商品和服务进行估价,或者对商品或服务的某些属性进

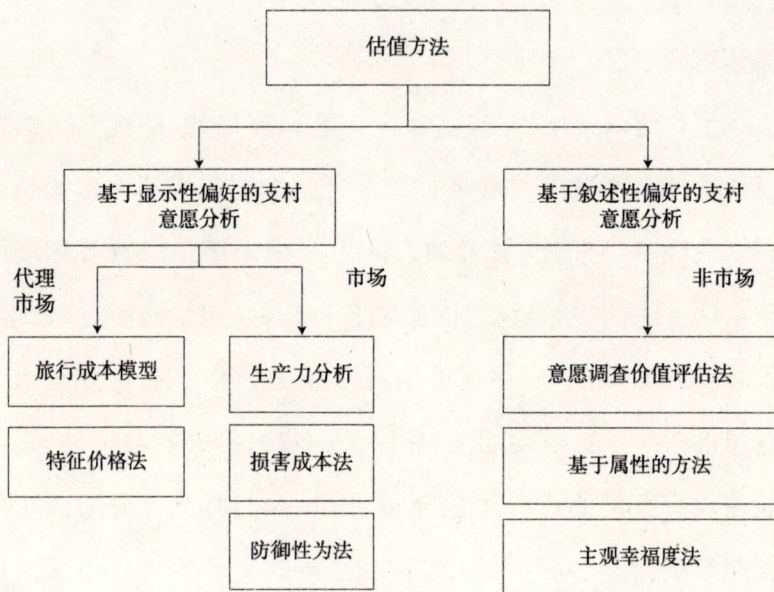

```
              ┌──────────────┐
              │   估值方法    │
              └──────────────┘
           ┌─────────┴─────────┐
   ┌──────────────┐      ┌──────────────┐
   │基于显示性偏好的支村│    │基于叙述性偏好的支村│
   │   意愿分析    │      │   意愿分析    │
   └──────────────┘      └──────────────┘
代理      ┌────┴────┐  市场           │非市场
市场  ┌────────┐ ┌────────┐      ┌──────────────┐
      │旅行成本模型│ │生产力分析│      │意愿调查价值评估法│
      └────────┘ └────────┘      └──────────────┘
      ┌────────┐ ┌────────┐      ┌──────────────┐
      │特征价格法│ │损害成本法│      │基于属性的方法│
      └────────┘ └────────┘      └──────────────┘
                 ┌────────┐      ┌──────────────┐
                 │防御性为法│      │主观幸福度法│
                 └────────┘      └──────────────┘
```

图3　估值方法分类①

行估价。显示性偏好方法总体上可以分为基于市场显示性偏好和
基于代理市场显示性偏好两类。其中,基于市场显示性偏好方法
包括生产力分析、损害成本法和防御行为法。生产力分析侧重于
某种物品和服务对市场产品的生产所贡献的价值,比如海洋对应
的渔业生产。损害成本法通过衡量破坏某种物品和服务带来损害
所对应的成本来估算物品和服务的价值,比如健康损害对应的就

① EPA, Guidelines for preparing economic analyses, Washington, DC, 2014.

40

医成本。防御行为法则借助人们为避免受到某种伤害而采取的防御措施来估价,比如清洁空气所对应的健康收益可以通过人们为了应对雾霾而购买的防霾口罩、空气净化器等物品的价值来衡量①。

在更多的情况下,环境和健康的收益隐含在人们生活的其他抉择之中,需要采用基于代理市场的估值方法,主要包括旅行成本模型和特征价格法(Hedonic Models)。旅行成本模型主要应用在可供度假休闲和户外活动的自然资源的估值中,衡量的是自然资源的使用价值。例如,九寨沟的使用价值体现在人们去九寨沟观光旅行的行为中,可以通过利用从世界各地去九寨沟旅行的人的旅行成本来反映九寨沟的使用价值。在实际估算中,研究者一般在旅游地选取一定的随机样本并记录他们的出发地和交通方式。如果是自驾游就用距离乘以油费来估算路费,如果采用飞机、高铁等交通方式,直接采用飞机票、高铁票的票面价值来衡量。特征价格法建立在人们的行为决策中,而人们的行为决策需综合考虑各种特征因素。例如,一个房子在市场上的价值可能和许多因素有关,包括大小、地理位置、装修程度、工作机会和周边环境等,如果

---

① Zhang,J.and Mu,Q.,"Air pellution and defensive expenditures:Evidence form particulate-filtering facemasks."*Journal of Environmentad Economics and Management*,In Press,(2018).

有足够的数据,就可以通过特征价格法来估算其中环境这个属性对应的价值。在现实生活中,常常会观察到一些环境较差的地区反而房价很高,比如受严重雾霾影响的北京,值得注意的是,这并不意味着人们偏好于更差的环境,而是由于该地区有更好的发展机会。这种情况下,需要考虑使用更加复杂的归类模型(Sorting Models)来剥离出人们对于环境本身的估价。

(2)基于叙述性偏好的支付意愿分析

虽然基于实际市场的价格估算相对较为可靠,但有很多非市场价值无法通过有市场的商品和服务进行间接估算,例如人们对于稀有物种的估价、人们对于国家公园的估价等。基于显示性偏好的支付意愿分析衡量的多为使用性价值,即人们通过在某种意义上使用这些物品相应的价值。例如,人们愿意支付一定的费用参加海洋观鲸游览项目。又如,人们愿意支付路费、花费时间、支付一定的门票去国家公园里徒步旅行。相比之下,非使用性价值,例如存在价值,则较难利用市场行为推导出来。比如大部分人并没有机会亲自去南极看企鹅,但是还是会认为企鹅有其存在的价值,如果仅仅用世界各地去南极考察的旅行费用来估算南极冰盖的存在价值则会忽略掉企鹅存在的价值。在类似的情况下,只能通过基于叙述性偏好的支付意愿分析来探寻人们对非使用性价值的估计,包括意愿调查价值评估法(Contingent Valuation,以下简称

CV)和基于属性的估值(Attribute-based Methods)。相比之下,前者的使用更为广泛。

CV 方法于 19 世纪 60 年代提出,主要通过一系列问题来探寻受访者对于某种政策变化的估值,其理论基础是人们在问卷调查中的回复与支持相应经济选择的偏好是一致的。在具体调查中,受访者通常会被问到类似如下的问题:"请问你是否愿意为在朝阳区新建一个占地 10 平方公里的绿地公园支付 100 元?"CV 方法能否得到较为可靠的估值取决于问卷设计的合理性。不仅问卷的情景设置要与目标估值对象密切相关,而且需要提供一定范围的支付意愿选项。如果直接询问人们对某个生态服务的支付意愿,可能会得到数量级差异极大的回复。但是如果仅给人们提供一个选项,回答是否,则该信息只能提供某人心理价值的下限或者上限。在实践中,比较常用的设计是双有界二分法选择模型,其基本思路是先随机提供一个价格,如果受访者接受,则再提供一个更高的价格看受访者是否会拒绝,同样地,如果受访者拒绝,则再提供一个更低的价格看受访者能否接受。但即便采用这种方法,CV 方法的有效性仍然受限于问卷回答反映真实偏好的基本假设①。

---

① Hanemann, M., Loomis, J., Kanninen, B., "Statistical efficiency of double-bounded dichotomous choice contingent valuation". *American journal of agricultural economics*, 73(4), (1991), pp.1255–1263.

　　基于属性的估值方法是基于 Lancaster① 提出的价值理论,其基本思想是任何的商品都可以被描述成为一系列属性及对应的属性值。以汽车为例,以往的选择理论里,汽车 A 和汽车 B 是基本的选择单位。在 Lancaster 的研究框架里,汽车可以被看作是把人从一个地方运行到另一个地方的工具,具有速度、舒适程度、颜色、外形和燃油经济性等属性,人们的偏好本质上是对于这些属性的偏好而这些属性构成最基本的选择单位,比如有的人偏好速度,有的人更在意燃油经济性。虽然在购买行为上,我们观察到消费者购买了不同的车型,但潜在的决策层面,他们都考虑到了以上各个属性,决策只不过是对这些属性的赋值有高有低的外在体现。在这样的理论基础上,基于属性的估值采用选择实验来探索人们的内在估值。在具体应用中,研究者会设计两到三个选项,每个选项中所关注的属性的对应值有所不同,通过回答者的选择来估算个体对于某种属性的偏好。比如,可以设计三种电力生产方案,其中新能源所占的比例不同,对应的电价也不同,通过人们的选择间接计算人们对于新能源的估值。

　　除了 CV 和基于属性的估值方法,近些年越来越多的研究采

---

① Lancaster, K.J., "A new approach to consumer theory". *Journal of political economy*, 74(2), (1966), pp.132-157.

用主观幸福度估值方法(Subjective Wellbeing Valuation)评估政策效益①。主观幸福度估值法,通过询问受访者的主观幸福度来衡量受访者对某事物的内心估值。例如,在清洁水环境的估值中,可以设计问卷询问受访者的幸福度,并与当地的水污染和收入联系起来。假设统计分析发现水环境质量改善10%,受访者的幸福度上升1单位,而受访者的收入增加1000元也会使幸福度上升1单位,则可粗略认为人们对于10%的水质改善的估值为1000元。和其他基于叙述性偏好的估值方法一样,设计问卷是主观幸福度估值方法的关键一环。一般常用的问题有"总体来讲,您的生活幸福么?(1—10分)"。采用这种问题可能造成幸福感和水环境质量很难匹配的现象。因为幸福感可能是之前很长时间的综合感受,而水质一般都采用最近一年均值。也有研究者询问更为近期的幸福感程度,比如询问昨天受访者的心情。但短期情绪波动也会受到很多其他潜在原因的干扰。采用主观幸福度估值方法的主要优势在于其估值包含了人们的心理感受等无形因素,从这个角度来讲较为全面。但是人们对于幸福感的把握所包含的因素不尽相同,甚至可能会忽略掉一些健康方面的影响,也容易受到外部信息如媒体报道的影响。因此,主观幸福感估值方法的准确性饱受争议。

---

① Pearce,D.,Atkinson,G.& Mourato,S.,"Cost Benefit Analysis and the Environment",*OECD Environment Working Papers*,No.97,(2015),p.17.

　　无论是基于显示性偏好还是叙述性偏好的支付意愿分析方法都需耗费大量的时间和资金，在对评估效率要求极高的绿色投资项目评估工作中可操作性较差。对于此类情况，可在实践中通过选取类似案例，将以往的分析结论作为新项目的环境收益估值依据，这种方法被称作收益转移法（Benefit Transfer）。例如，要评估新建绿地公园所能带来的收益，可以依据以往评估过的其他绿地公园，通过一定的筛选标准选取相似的案例，进而加权平均以往的估值来确定新建绿地公园的收益。除了基本的加权平均，还可以采用公式转移法。假设新建绿地的估值一般由绿地面积、周围房屋的使用类型、配套公交便利程度等因素决定，则可以利用以往评估过的可比的项目收益进行回归分析，得出绿地项目收益与各个因素之间的公式关系。通过代入新的绿地项目的各项参数，可以得出新绿地项目的收益。这种方法的有效性很大程度上取决于能否找到相似的已有研究，也直接受制于已有研究的质量。效益转移法能否准确地刻画新建项目的估值仍存在较大争议。

第二节　绿色收益评估中的效益转移

　　效益转移指的是将一项研究中估算出的环境质量变化导致的

非市场价值放在另一个政策、项目的收益评估中使用①。所评估的项目(政策)所处的情景为"项目情景"("政策情景"),已得出收益估值结果的情景为"案例情景"。效益转移研究需要寻找与"项目情景"密切相关的环境收益评估案例,并将该案例的评估结果"转移"到项目情景中。效益转移通常会涉及以下几项工作:首先,详细描述"项目情景"中的环境、气候影响特征以及效益受体的人口和社会经济特征。其次,通过全面的文献调研筛选可能相关的环境收益量化研究。可供"项目情景"使用的相关研究的数量和质量将在很大程度上限制效益转移方法的使用及其转移质量。项目分析人员需要制定一套明确的选择标准用于衡量"案例情景"的适用性。可供参考的选择标准包括所评估的环境商品的定义、环境变化的基准线和范围以及受体特征。最后,利用单位价值转移、价值函数转移和非结构性或结构性整合分析等方式实现效益转移。

利用效益转移法评估投资项目的绿色额外收益需首先综述各项污染减排的社会价值评估研究。

---

① Freeman III, A.M. *The Measurement of Environmental and Resource Values: Theory and Methods*. Washington, DC: Resources for the Future, 2003.

一、大气污染

对于大气污染物的经济评估方式主要包括以下两种。一是使用条件价值评估法衡量公众的支付意愿,并以此为依据货币化大气污染的环境影响。例如,Yoo 等人曾利用条件评估法货币化韩国空气污染物的环境影响价值,得出韩国家庭对于空气污染物的年际支付意愿总值为 16950 万美元[1]。二是将没有市场价值的物品与可在市场上交易的物品联系起来,以维护、治理等费用货币化其环境影响价值。现有研究通常依据大气污染的健康影响来定量化其环境损害成本,具体的定量方法包括统计学生命价值法(Value of a Statistical Life,以下简称 VSL)或者生命年损失法(Value of a Life Year Lost,以下简称 VOLY)[2]。例如,Bollen[3] 等

① Yoo,S.H.,Kwak,S.J.,& Lee,J.S.,"Using a choice experiment to measure the environmental costs of air pollution impacts in Seoul",*Journal of Environmental Management*,86(1),(2008),pp.308-318.

② Mirasgedis,S.,Hontou,V.,Georgopoulou,E.,Sarafidis,Y.,Gakis,N.,et al.,"Environmental damage costs from airborne pollution of industrial activities in the greater Athens,Greece area and the resulting benefits from the introduction of BAT",*Environmental Impact Assessment Review*,28(1),(2008),pp.39-56.

③ Bollen,J.,van der Zwaan,B.,Brink,C.,Eerens,H.,"Local air pollution and global climate change:A combined cost-benefit analysis",*Resource and Energy Economics*,31(3),(2009),pp.161-181.

人曾在研究区域空气污染和全球气候变化相关性时,利用 VSL 和 VOLY 货币化区域空气污染的环境影响价值,取得 $PM_{2.5}$ 与 PM_{10} 的环境影响价值为 106 万美元;Mirasgedis[1] 等人在评估希腊地区工业的行业最优可行技术时,使用 VSL 货币化大气污染物的环境影响价值,认为希腊地区大气污染物的环境影响价值为每年 21100 万欧元。英国环境食品与农村事务部(Department for Environment Food & Rural Affairs,UK)在研究氮氧化物对环境的影响时,使用 VOLY 来货币化氮氧化物的环境影响价值。研究结论表明 2013 年英国每年由于空气污染中的 NO_2 造成的损失约为 13.3 亿欧元;Papa[2] 等人在研究污水处理厂绿色技术评估时,使用欧洲清洁空气计划(Clean Air for Europe Programme)提供的不同空气污染物的环境影响价值来直接衡量空气污染物排放的经济成本,发现在不同的污染情景下意大利一家污水处理厂空气污染物的货币化价值为每年 2 万—6.5 万欧元不等;Jaramillo[3] 等人在研究 2002 年至 2011 年美国

---

[1] Mirasgedis,S., Hontou, V., Georgopoulou, E., Sarafidis, Y., Gakis, N., et al., "Environmental damage costs from airborne pollution of industrial activities in the greater Athens, Greece area and the resulting benefits from the introduction of BAT", *Environmental Impact Assessment Review*, 28(1), (2008), pp.39-56.

[2] Papa, M., Pedrazzani, R., & Bertanza, G., "How green are environmental technologies? A new approach for a global evaluation: The case of WWTP effluents ozonation", *Water research*, 47(11), (2013), pp.3679-3687.

[3] Jaramillo, P., & Muller, N.Z., "Air pollution emissions and damages from energy production in the US:2002 - 2011", *Energy Policy*, 90, (2016), pp.202-211.

能源电力行业空气污染情况时,使用 VOLY 来货币化大气污染的环境影响价值,得出大气污染的货币化价值为每年 107 亿—175 亿美元不等的结论。

二、水污染

水污染减排的社会价值评估需要考虑水质变化对人群健康、农业、渔业、畜牧业、景观、治污、管理等方面的影响。人群健康影响的经济评估方式包括条件价值法和人力资本法[①]等,对于其他方面影响的货币化方式主要依据农产品、治污费、管理费等的市场价格。为了衡量水污染给重庆造成的环境损失,Chang[②]等人使用支付意愿法与人力资本法来货币化污水对群体健康的影响,对于农业、渔业、畜牧业、工业的影响则使用农产品和工业用水的市场价值来进行货币化,发现水污染给重庆造成了每年11500 万元的经济损失。Reddy 等[③]为了研究工业水污染给乡村地区造成的影响,以印度某一村落为例,使用人力资本法货币化

---

① 人力资本法,是指用收入的损失去估价由于污染引起的过早死亡的成本。

② Chang Y.M., Seip, H.M., & Vennemo, H., "The environmental cost of water pollution in Chongqing, China", *Environment and Development Economics*, 6(3), (2001), pp. 313-333.

③ Reddy, V.R., & Behera, B., "Impact of water pollution on rural communities: An economic analysis", *Ecological Economics*, 58(3), (2006), pp.520-537.

水污染的健康影响,并用市场价格来计算水污染造成的水资源、畜牧业、农业和就业的环境影响价值。研究结果显示,工业水污染给印度乡村地区造成了每户每年平均 282.5 美元的损失。王建龙[1]在研究哈尔滨经济发展与水环境污染的相关关系时,使用人力资本法来货币化水污染对于健康的影响,并使用市场价值来货币化水污染对于农业、工业的影响,发现 2008 年哈尔滨市由于水污染带来的经济损失约为 5.836 亿元,远超过当年的环境投资指数。

三、固体废物

固体废物主要包括煤矸石、尾矿、危险废物、冶炼渣、粉煤灰、炉渣等。固体废物污染治理的价值评估方式主要包括以下两种。一是使用条件价值评估法衡量公众对于固体废物处理的支付意愿,从而间接货币化固体废物的环境影响。比如金建君等人[2]利用双边界二分式条件价值法衡量澳门固体废物管理的支付意愿,得到固体废物的环境影响价值为每月 19.89

① 王建龙、樊庆锌:《哈尔滨市经济——水环境污染关系研究》,哈尔滨工业大学,2010 年博士毕业论文。
② 金建君、王志石:《澳门固体废物管理的经济价值评估——选择试验模型法和条件价值法的比较》,《中国环境科学》2005 年第 25 期。

澳门元;Fonta[1] 等人同样使用了条件价值法对尼日利亚固体废物优化管理进行了经济评估,得出结论为居民对于固体废物的支付意愿根据不同的优化处理方式,为每年 600—1485 阿尔及利亚第纳尔[2]不等。二是通过衡量固体废物污染对土地价格的影响来货币化固体废物的环境影响价值。具体的定量方法为特征价格法,通过定量固体废物填埋对房价的影响,识别固体废物的隐含环境价格。比如 Nahman[3] 使用特征价格法研究开普敦市垃圾填埋的环境影响价值,研究发现固体废物的环境影响价值为每年 5.6 亿—8.7 亿兰特[4]不等。

四、噪声污染

噪声环境影响价值评估主要考虑投资项目建设运作中的噪声造成的环境及社会影响。特征价格法是评估噪音的环境影响价值

---

① Fonta, W. M., Ichoku, H. E., Ogujiuba, K. K., & Chukwu, J. O., "Using a contingent valuation approach for improved solid waste management facility: Evidence from Enugu State, Nigeria", *Journal of African Economies*, 17(2), (2007), pp. 277-304.

② 阿尔及利亚法定货币单位。

③ Nahman, A., "Pricing landfill externalities: emissions and disamenity costs in Cape Town, South Africa". *Waste Management*, 31(9), (2011), pp.2046-2056.

④ 南非的法定货币单位。

的主要方法①。特征价格法主要基于受影响区域房价及噪声的关系来进行经济评估,该方法主要以房价随单位噪音(dB)增加而降低的百分比,即噪音贬值指数(Noise Depreciation Index,以下简称NDI)来表示评估结果。

当前对噪声的经济评估主要集中在交通领域,包括公路、铁路及航空等方面。Nijland 等人②对欧洲各国的公路及铁路噪声经济评估方法进行了系统性的评价,发现不同国家对噪音影响范畴的划分有所出入,且最终评估结果主要受具体噪声单位价值的影响。基于特征价格法,Baranzini③ 等人对日内瓦的噪声及房价的关系进行了评估,研究发现噪音每增加一分贝将造成 0.7% 的房屋贬值,且噪声造成的影响在低环境噪声时更大。同样基于该方法,Dekkers④ 等人对阿姆斯特丹机场周边地区的公路、铁路和

① Bateman, I., Day, B., Lake, I., Lovett, A., "The effect of road traffic on residential property values: a literature review and hedonic pricing study", Scottish Executive, Vol.207, 2001.

② Nijland, H., & Van Wee, B., "Noise valuation in ex-ante evaluations of major road and railroad projects". *European Jounal of Transport and Intrastructure Research*, 8(3). (2008).

③ Baranzini, A., & Ramirez, J.V., "Paying for quietness: the impact of noise on Geneva rents", *Urban Studies*, 42(4), (2005), pp.633-646.

④ Dekkers, J.E., & van der Straaten, J.W., "Monetary valuation of aircraft noise: A hedonic analysis around Amsterdam airport", *Ecological Economics*, 68(11), (2009), pp.2850-2858.

航空噪声与房价进行回归分析,得出航空对房屋贬值影响最大的结论,且每减少 1 分贝噪声将给每个房屋带来 1459 欧元的收益。由于被研究区域特征、数据来源、测量方式等区别,不同研究基于特征价格法所得的结果往往区别较大。鉴于此问题,荟萃分析(Meta-analysis)被用于分析大量特征价格法研究结果以得出更普适的经济评估结果。Nelson[1] 对 33 份机场噪声特征价格法研究案例进行了荟萃分析并得出 0.5%—0.6% 的噪声贬值指数。

5. 气候变化

现有研究常利用碳价来货币化温室气体的环境效益。碳价的主要核定方法包括碳排放的社会成本和边际减排成本。其中,碳排放社会成本是一种以货币价值衡量每吨二氧化碳排放对环境长期影响的指标。边际减排成本为被评估对象每减少一单位二氧化碳排放所需要的成本。其中,碳排放社会成本可以最为直接地衡量环境影响,更适于衡量温室气体减排的绿色额外效益,因此选取碳排放社会成本作为货币化温室气体的环境影响价值的方式。2010 年,美国机构间工作小组(Interagency Working Group,以下简

---

① Nelson,J.P.,"Meta-analysis of airport noise and hedonic property values",*Journal of Transport Economics and Policy*,38(1),(2004),pp.1-27.

称 IWG）发布了利用 DICE、FUND 和 PAGE 三种模型评估所得的碳排放社会成本,以 2010 年为基准所得的平均值为 21 美元/吨,该值在 2016 年修正为以 2015 年为基准的 36 美元/吨[1]。Ackerman[2] 等人指出美国机构间工作小组忽略了部分与气候变化相关的重大风险,低估了当前温室气体排放对未来环境的影响。在此基础上,Ackerman 等人利用 DICE 模型以 2010 年为基准重新评估碳排放的社会成本,约为 900 美元/吨。基于碳排放社会成本在不同情境下的差异,Tol[3] 等人对 211 项碳排放社会成本的估值进行了荟萃分析,得出平均值为 23 美元/吨。Revesz[4] 等权威学者认为,美国机构间工作小组发布的碳排放社会成本仍是当前的最佳估值。

以上综述结果显示现有研究已从多区域、多角度分析各类环境污染和温室气体减排的社会收益,但对于"一带一路"投资项目的绿色额外收益评估而言,现有研究的效益转移适用度较低。这一方面是由于现有研究多以欧美等发达国家为研究背景,其经济

---

① 数据来源:http://k.tanjiaoyi.com/（访问时间:2017 年 10 月 24 日）。

② Ackerman,F.,& Stanton,E.,"Climate risks and carbon prices:Revising the social cost of carbon",(2012).

③ Tol,R.S.,The social cost of carbon:trends,outliers and catastrophes,(2008).

④ Revesz,R.,Greenstone,M.,Hanemann,M.,Livermore,M.,Sterner,T.,Grab,D. Schwartz,J.,"Best cost estimate of greenhouse gases",*Science*,357(6352),(2017),pp. 655–655.

社会环境特征与"一带一路"国家相差较远;另一方面,现有研究多量化单个污染物减排带来的环境效益,无法提供多污染物的效益转移需求。因此,在货币化"一带一路"投资项目的绿色额外效益时,可采用以下两种效益转移思路。

首先,尽量利用已有的、符合项目特征的污染减排社会价值评估案例作为效益转移依据,或针对投资目的国的各类主要投资产业开展普适性的绿色投资环境收益量化研究,确定各类污染物和温室气体减排的单位收益区域,提高投资项目绿色额外收益评估的效率与质量。

其次,以当地的环境税税率或排污费费率模拟绿色投资单位减排的社会收益。Pigou 在 1920 年完善外部性思想的基础上,提出政府可以利用税收手段来矫正污染行为,即通过征税,使环境污染的负外部性内部化,推动污染者自发调整经营,减少污染产品产量,最终使资源配置达到帕累托最优。因此,环境税的税率理论上可以代表污染排放造成的社会损害,即污染减排伴随的社会收益。在量化温室气体排放的绿色效益时,碳价是一个较为合适的价格指标。虽然均衡碳价是由供给与需求决定的,但在理想市场中,均衡碳价也为最优碳价,即温室气体的社会损害。因此,当缺乏高质量的效益转移"案例情景"时,可利用投资目的国的环境税税率或排污费费率表征绿色投资单位污染物减排的社会收益,利用投资目的国或国际机构模拟的碳价表征绿色投资单位温室气体减排的社会收益。

第三节 绿色额外收益评估模型

对于不同行业的绿色投资项目而言,其所产生的绿色效益类型差异较大,适用的绿色效益货币化方法及其评估模型亦有所不同。本节将以效益转移法为例,以投资目的国的排污费费率表征各类污染减排的单位社会收益,以投资目的国或国际机构模拟的碳价表征绿色投资单位温室气体减排的社会收益,提出"一带一路"投资项目绿色额外收益评估的通用方法。

首先,依据绿色投资提交的环境影响评价报告等相关文件,明确绿色投资的主要环境污染物和温室气体,及其在项目投运期间内第 k 年的单位产品排放量(E_{xik})。

其次,以投资项目绿色属性判定基准线(E_{bik})为基准计算各类污染物和温室气体第 k 年的单位产品减排量,并依据下述公式计算该减排量伴随的社会收益价值(AB_{xik}),计算公式如下所示:

$$AB_{xik} =$$

$$
\begin{cases}
(E_{bik} - E_{xik}) \times G_{i0} \times (1 + \mu)^k, i\ \text{为大气、水、土壤污染物} \\
\qquad (G_{i0}(t_{bk}) - G_{i0}(t_{xk})) \times (1 + \mu)^k, i\ \text{为噪声} \\
\sum_j \sum_i (\alpha_i \beta_{ji}(P_{bkj} - P_{xkj}) \times G_{i0} \times (1 + \mu)^k), i\ \text{为温室气体}
\end{cases}
\tag{2}
$$

当投资项目通过减排大气、水、土壤污染物产生绿色额外收益时，E_{xik} 和 E_{bik} 分别代表投资项目 x 和基准线情景在第 k 年的污染物 i 单位产品排放量，两者之差即为当年的减排量。G_{i0} 为污染物 i 在评估起始年的单位环境损害成本，可用投资目的国的排污费费率表征。

当投资项目通过降低噪声水平产生绿色额外收益时，t_{xk} 和 t_{bk} 分别代表投资项目 x 和基准线情景在第 k 年的平均噪声等级，$G_{i0}(t_{xk})$ 和 $G_{i0}(t_{bk})$ 分别是噪声在对应等级时的环境损害成本，可用投资目的国的噪声污染收费标准表征。

当投资项目通过减排温室气体产生绿色额外收益时，P_{xkj} 和 P_{bkj} 分别代表投资项目 x 和基准线情景在第 k 年的能源 j 单位产品耗能量，β_{ji} 为能源 j 的温室气体 i 排放系数，α_i 为温室气体 i 的二氧化碳转化系数。G_{i0} 为二氧化碳在评估起始年的单位环境损害成本，可用投资目的国或国际金融机构模拟的碳价表征。

假设各类环境污染物和温室气体的环境损害成本逐年增高，

年增加比率为 μ。

第三,汇总绿色投资的各类绿色额外收益,得到该项目第 k 年的单位产品绿色额外收益(AB_{xk})。

最后,选取合适的折现率计算绿色投资的总绿色额外收益折现值。折现值指项目未来现金流使用贴现率折现后的数值,在进行折现的过程中,贴现率对于折现结果有重大的影响,需要项目分析人员根据项目行业的投资回报率等信息酌情而定。折现公式如下所示:

$$AB_x = \sum_{k=1}^{n} \frac{AB_{xk} \times Q_k}{(1+R)^{k-1}} \tag{3}$$

式中 AB_x 为投资项目 x 的总绿色额外收益折现值, AB_{xk} 为该项目第 k 年的绿色额外收益, Q_k 为第 k 年的产量。R 为折现率, n 为项目总运行年数。

各项目单位产品的绿色额外收益计算方法如下:

$$AB_{xp} = \frac{AB_x}{\sum_{k=1}^{n} Q_k} = \frac{\sum_{k=1}^{n} \frac{AB_{xk} \times Q_k}{(1+R)^{k-1}}}{\sum_{k=1}^{n} Q_k} \tag{4}$$

式中 AB_{xp} 为投资项目 x 的单位产品的绿色额外收益,其他各项与式(3)中含义相同。

第三章

"一带一路"绿色投资的额外成本评估

　　绿色投资是"一带一路"设施联通合作领域的重要环节,对拉动中国及沿线国家经济、社会的可持续发展具有重要作用。在"一带一路"倡议的指导下,中国企业通过直接投资将部分过剩产能和先进技术转移至"一带一路"沿线国家,在有效促进我国经济和产业结构升级,改变全球贸易结构的同时,为"一带一路"沿线发展中国家提供技术和资金支持。投资技术的绿色性是决定"一带一路"环境影响的重要因素。"一带一路"沿线地区生态环境复杂,是环境、气候、生态等问题的敏感区域,而"一带一路"中的国际产能合作必然伴随自然资源开发和基础设施建设,引发自然资源损耗和生态环境损失①。历史问题与现实问题的交汇决定了"一带一路"倡议将面临巨大的生态环境挑战,需要摒弃"先破坏、后治理"的发展思路,在基础设施投资规划之初将生态环境保护问题纳入其中,利用环境金融等手段发展绿色技术合作,推动绿色"一带一路"建设②。

在基础设施的建设过程中,绿色技术可实现环境外部影响的内部化,减少污染排放和环境损害。但同时,绿色技术也将增加企业的生产成本与风险,减少经济收益。在缺少外部政策支撑的情况中,绿色技术与传统低成本技术相比不具备市场竞争力,在"一带一路"的基础设施投资合作中,绿色技术的成本劣势更为显著。"一带一路"沿线国家多为中低等发展水平国家,具有较强的基础设施建设需求,但对中方投资企业而言也是一个相对陌生的投资环境,融资安排相对复杂,且政治、法律环境和海外投资风险保障机制尚不成熟。绿色投资项目在"一带一路"倡议中将面临更加严峻的发展阻碍,识别和量化绿色额外成本一方面可以为金融部门在支持绿色技术投资提供选择适当的绿色金融工具提供依据;另一方面也可以为绿色技术额外投资成本的解决建立基础。

---

① 柴麒敏、祁悦、傅莎:《推动"一带一路"沿线国家共建低碳共同体》,《中国发展观察》2017年第9期。
② 赵春明:《"一带一路"倡议与我国绿色产业发展》,《学海》2016年第1期。

成本评估是金融机构评估投资项目的重要方面,评估内容包括投资项目的成本、风险以及融资计划、财务计划的健全性和可行性等信息。常用的投资方案决策指标包括投资回收期、投资收益率等静态评价指标,以及净现值、净现值率、内部收益率等动态评价指标。然而,现有评估多关注投资项目在生产运行过程中的总资金投入,较少分析投资项目因环境保护、应对气候变化而投入的额外投资成本。为识别"一带一路"绿色投资项目的绿色额外投资成本,本章首先通过文献调研、专家访谈等方式,梳理投资项目的成本类型,明确绿色投资的投资成本界定,以及绿色投资额外投资成本分析的基准线设定。其次,梳理现有减排成本的核算方法,为识别金融机构的绿色投资成本额外性提供方法支撑。最后,开发"一带一路"绿色投资的额外成本评估模型。

第一节　绿色投资的额外成本界定

一、投资成本的分类

根据美国环保署出台的经济分析导则,投资成本具有多种分类形式,比较笼统的分类方法包括显性成本与隐性成本、直接成本与间接成本、私人成本与公共成本等。

1. 显性成本与隐性成本

显性成本反映了项目实施后的实际支出和应用成本,通常可以从会计账目中直接计算。例如,公司购买安装污染减排设备的支出,个人进行定期机动车排气污染检测的费用,以及政府在执行新的环境政策时增加的各项行政支出等。隐性成本不可以直接从财务审计中获得并计算。它包含由不同经济个体的行为变化造成的具有一定隐蔽性的未来成本和转移成本。例如,企业为减排而转移资本投入从而导致的产品价值损失,由于限制生产某类商品而造成的产品多样化减少与寻找替代消费品的时间成本。

2. 直接成本与间接成本

直接成本指的是投资项目责任主体(企业)产生的费用支出。间接成本则为产生于相关市场中,由行为变化而产生的成本,或间接受政策影响的经济个体与政府部门的支出增加。间接成本的产生过程通常是政策监管的市场产品出现价格变动,进而间接作用于整个经济体,使得其他非监管市场的产品价格变化,最终影响消费者的收入和社会生产总值。有些环境政策的间接成本甚至远超直接成本,例如,为了减少碳排放而征收的碳税,以及之前提到的影响电价的监管措施等。

3.私人成本与公共成本

社会总成本亦可根据承担成本的不同部门进行分类。私人成本是指由个人、家庭和私有制企事业单位承担的费用支出及机会损失。公共成本是指由政府、公共企业和非营利性组织承担的费用支出及机会损失。

社会成本也可以采用更细化的分类方式,包括增量成本、资本成本、运行和维护成本、合规成本、行业成本、交易成本、政府监管成本等。这种成本类别不具备排他性,某些成本间可能存在重叠。

1.增量成本

增量成本是新项目实施后的社会总成本减去原有政策存在情况下的总成本,由此产生的净差值。例如,若以 GDP 为标准衡量经济成本,在原有项目情景下 GDP 的增长率为 8%,而实施新项目后预测增长率降至 6%,则增量成本可估算为减少的 2% GDP。

2.资本成本

资本成本包括安装和翻新减排设备的支出,通常也称为一次性支出或固定成本。资本成本在设备更新后不再变化。在费用效益分析中,此类资本成本通常被分摊到设备的使用寿命期中。

3.运行和维护成本

运行和维护成本与年度减排量直接相关,也称为可变成本。

它包括工人的薪酬支出、原料和其他相关服务的购买、能源输入以及与减排相关的设备维护保养费用。

4.合规成本

环境领域的合规成本也称为减排成本,是企业及个人为了符合排放或质量标准的规定而承担的资本成本与运行成本。合规成本包含资本成本与运行和维护成本,可进行三方面功能分类:一是生产过程中产生的污染物处理或捕获;二是生产后期的废物回收;三是生产终期的废物置放与销毁,四是预防措施。

5.行业成本

行业成本的计算要考虑对政策实际及期望的市场反馈,包括工厂关闭、产值损失和直接转移到消费者的部分成本。相比合规成本,行业成本在计算中涉及间接成本较多,分析的难度也较大。

6.交易成本

交易成本是指在交易过程中产生的非生产成本,具体包括搜寻买方或卖方的时间与金钱投入、谈判成本以及执行交易合同时产生的行政费用。

7.政府监管成本

政府监管成本是政府在研究、制定和执行投资项目监管政策或法规的过程中产生的费用。例如,政府在制定政策前期的研究与咨询支出。

8. 过渡成本

过渡成本(Transitional Cost)指的是受项目变化影响,企业等经济体过渡到新的均衡状态时产生的成本,例如,工厂安装减排设备后支出的员工费用。

9. 分配成本

分配成本(Distributional Cost)主要用于描述个别行业或社会特定群体受到的项目影响。考虑到投资项目实施过程中的资源公平分配问题,分配成本分析通常作为费用效益分析的补充研究,使得决策过程更加完善①。

二、绿色投资的额外成本

评估绿色投资的额外投资成本,即是分析绿色投资情景相较于基准线情景增加或减少的投资成本。基准线的计量方式与基准线的设置决定了绿色投资额外成本的分析范围和衡量方式。

---

① 李雅婷、李青染等:《中国环境政策费用效益分析方法的构建与应用》,2017年5月。

1.绿色额外成本计量的成本类型

计量方式指的是投资项目成本评估过程中所涉及的成本范畴和评价指标。首先,在分析绿色投资的投资风险时,金融机构着重关注资本投入、运行维护等显性成本,因生产技术研发、行政审批等因素导致的隐性成本暂不考虑在内。其次,绿色投资额外投资成本分析过程中,金融机构关注的是与基准线情景相比,投资绿色投资可能增加的直接成本投入,而受绿色投资项目影响,产生于市场其他经济个体的间接成本不在金融机构的考核范围之内。因此,从投资成本的笼统分类来看,绿色投资的额外投资成本指的是绿色投资直接产生的显性成本。

2.基准线情景

基准线情景是绿色投资额外投资成本的衡量标准。在评估绿色投资的额外投资成本时,基准线情景指的是未投资所评估项目时,投资目的国为提供同等产品或服务的情景。在确定基准线情景的过程中,研究者需首先列举出所有可能的替代情景,然后结合投资目的国的法律法规、政策导向,以及各项替代情景的投资成本和环境影响等因素,选取可能性最大的替代项目情景作为基准线。

第二节 绿色投资的额外成本核算方法

一、减排成本核算方法综述

1. 增量成本法

增量成本指的是每单位污染物减排所需的额外成本,可通过计算技术间"单位产品产出成本的差值"与"单位产品产出的污染物排放差值"的比值得到,是常见的用于比较不同技术减排成本的方法,在温室气体减排成本的计算中得到较为广泛的应用。例如,廖夏伟等[1]在核算基准情景与规划情景中不同发电技术温室气体排放量与全生命周期发电成本,计算出不同发电技术的温室气体减排成本。研究结果显示,生物质发电减排成本最高,水电减排成本最低,行业平均单位减排成本为 157.6—159.8 元/tCO$_2$。李红强等[2]利用增量成本法分析了中国风电行业温室气体减排成

---

[1] 廖夏伟、谭清良、张雯、马晓明、计军平:《中国发电行业生命周期温室气体减排潜力及成本分析》,《北京大学学报(自然科学版)》2013 年第 49 期。

[2] 李红强、王礼茂:《中国风电减排 CO$_2$ 的成本测算及其时空分异》,《地理科学》2010 年第 30 期。

本的时空分布差异。研究结果显示,风电行业的减排成本与风能资源存在明显的错位分布现象,沿海地区减排成本普遍低于内陆省份,最高与最低减排成本相差超过 700 元/tCO_2。在进行大规模制氢系统的技术经济分析中,张斌等[1]通过增量成本法对比分析了天然气蒸汽重整、自然重整、部分氧化和煤气化制氢的全生命周期二氧化碳减排成本。研究发现,煤气化激冷—高温净化方案的减排成本最低,为 169.53 元/tCO_2。

增量成本法也较为广泛地应用于国外工业技术减排成本的分析当中。例如,Herzog 等[2]具体计算了天然气联合循环电厂(NGCC)、整体煤气化联合循环电厂(IGCC)以及煤粉燃烧电厂(PC)的碳捕捉成本。研究发现整体煤气化联合循环电厂的减排成本为 18 USD/tCO_2,为三者最低。Narula 等[3]利用增量成本法也得到了类似的结论。Rao 等[4]利用增量成本法分析了通过改造旧电厂与建造新电厂两种方式减排温室气体的相对成本,研究指出

----

① 张斌、倪维斗、李政:《考虑减排 CO_2 的几种大规模制氢系统技术经济分析(下)》,《天然气工业》2004 年第 2 期。

② Herzog,H.,David,J.,"The Cost of Carbon Capture.In Fifth International Conference on Greenhouse Gas Control Technologies",Cairns,Australia.(2000).

③ Narula,R.G.,Wen,H.,Himes,K.,"Incremental cost of CO_2 reduction in power plants",*American Society of Mechanical Engineers*,(2002),pp.283-289.

④ Rao,A.B.,Rubin,E.S.,"A technical,economic,and environmental assessment of amine-based CO_2 capture technology for power plant greenhouse gas control",*Environmental Science & Technology*,36(20),(2002),pp.4467-4475.

即便减排成本存在一定的不确定性,但总体上改造旧电厂的减排成本要高于建设新电厂的减排成本。

2. 宏观模型法

自上至下的宏观经济模型常用于计算特定污染物的边际减排成本。此类研究将污染物的减排成本作为一个变量放入宏观的经济模拟系统之中,并在此基础上观察该变量的变化趋势及其对宏观经济的影响。Vuuren 等[①]以碳税作为边际减排成本的衡量标准,利用 TIMER 模型分析了科技发展对于全球碳税的影响,研究发现技术的进步会使 2030 年的碳排放税额外减少 20%。Klepper 等[②]使用 CGE DART 模型研究了碳排放权交易、联合履约和清洁发展机制等政策对于国家二氧化碳边际减排成本的影响。Ellerman 等[③]使用包含了全球经济活动、能源消耗及二氧化碳排放模块的 EPPA 模型模拟出全球二氧化碳的边际减排成本曲线,并在此基础上分析碳排放权交易对全球碳排放的影响。研究发

---

① Vuuren D P V, Vries B D, Eickhout B, et al., "Responses to technology and taxes in a simulated world", *Energy Economics*, 26(4), (2004), pp.579-601.

② Klepper, G., & Peterson, S., "Emissions trading, CDM, JI, and more: the climate strategy of the EU", *The Energy Journal*, (2006), pp.1-26.

③ Ellerman, A.D., Decaux, A., "Analysis of post-Kyoto CO_2 emissions trading using marginal abatement curves", (1998).

现,交易总体上对于全部国家都有益处,但收益的分布并不均衡。

3.距离函数法

Shephard 输入距离函数与方向性距离函数可通过计算污染物排放的影子价格来分析污染物的边际减排成本。Lee 等[①]曾利用 Shephard 距离函数分析发现二氧化碳排放的平均影子价格为 3.13 USD/tCO$_2$,最高值为 18.82 USD/tCO$_2$。方向性距离函数主要分为参数类与非参数类两种应用。Du 等[②]利用参数类方向性距离函数分析了中国科学技术发展对于二氧化碳减排成本的影响。研究结果显示,由于我国的减排技术发展速度较慢,2001年—2010年10年间,我国二氧化碳减排的影子价格不降反增,已从 1000 元/tCO$_2$增加到了 2100 元/tCO$_2$。在非参数类方向性距离函数的相关研究中,Wang 等[③]利用数据包络分析方法评估了中国不同区域的工业二氧化碳边际减排价格,研究得出中部黄河流域

① Lee, M., Zhang, N., "Technical efficiency, shadow price of carbon dioxide emissions, and substitutability for energy in the Chinese manufacturing industries", *Energy Economics*, 34(5), (2012), pp.1492-1497.

② Du, L., Hanley, A., Wei, C., "Marginal abatement costs of carbon dioxide emissions in China: a parametric analysis", *Environmental and Resource Economics*, 61(2), (2015), pp.191-216.

③ Wang, K., Wei, Y.M., "China's regional industrial energy efficiency and carbon emissions abatement costs".Applied Energy, 130, (2014), pp.617-631.

地区的减排价格最低,为 6. 32USD/tCO$_2$,东部沿海地区的减排价格最高,为 170. 7 USD/tCO$_2$。Choi 等[1]以我国 2001 年—2010 年省级的排放数据为基础,使用基于非径向松弛变量的数据包络分析方法分析发现我国的平均二氧化碳影子价格为 7. 2 USD/tCO$_2$。

4. 机会成本法

机会成本法通过对比清洁技术项目与常规项目的收益差额来识别减排的额外成本。分析过程中,研究者首先需在分析、贴现各项目的成本与收益的基础上,计算其在一定年限内的净现值。通常情况下,由于清洁技术需产生额外的减排成本,其净现值往往小于常规项目。两者的差值便为清洁项目机会成本的贴现值。机会成本与额外减排量之差即为额外减排成本。在实际应用中,机会成本法更多地被应用于生态学研究中的价值评估中。例如,李晓光等[2]应用机会成本法评估了在海南中部山区进行生态保护的机会成本,并指出将土地权属和机会成本法结合使用可有效评估区

---

① Choi, Y. , Zhang, N. , Zhou, P. , "Efficiency and abatement costs of energy-related CO$_2$ emissions in China: a slacks-based efficiency measure", *Applied Energy*, 98, (2012), pp.198-208.

② 李晓光、苗鸿、郑华、欧阳志云、肖炎:《机会成本法在确定生态补偿标准中的应用》,《生态学报》2004 年第 29 期。

域生态补偿。薛达元等①通过使用机会成本法及其他数种方法对城白山自然保护区森林生态系统的功能价值进行了评估,得出总的生态价值为 17.6 万元。

二、投资成本核算的财务分析方法

建设项目评价过程中,常用的基础投资决策思路包括两类:一是考虑费用时不顾及时间因素,主要依据支出单位货币的总净现金流、支出单位货币的年平均净现金流、偿还或资金回收的时间评估投资成本;二是考虑与费用相关的时间因素,采用贴现的方法将不同时刻现金发生量折算为现值。"一带一路"绿色投资的额外成本分析需要对比分析不同投资规模、投资时长建设项目的绿色额外成本,需将项目产量、运行时间等因素考虑在内获得可比指标,因此,本节将具体综述考虑时间因素的建设项目财务评价方法。

1.现值法

现值(Present Discounted Value,以下简称 PDV)指的是资金折

---

① 薛达元、包浩生、李文华:《长白山自然保护区森林生态系统间接经济价值评估》,《中国环境科学》1999 年第 19 期。

算至基准年的数值,也称折现值、在用价值,是指对未来现金流量以恰当的折现率进行折现后的价值。折现过程中,贴现率的选择需要非常谨慎。贴现率对于折现结果有重大的影响,其关于贴现率的选取也有众多的研究。当货币金额在时间轴上的分布完全确定时,不同的贴现率会使折现值发生很大变化。在大部分情况下,不同的衡量标准所给出的指导意见是一致的。如若不一致,则需要更加仔细地探讨哪种标准能最准确地体现政策目标。除了决策方法的选择外,贴现率的选择也会对结论产生较大影响。值得注意的是,虽然不同项目分析最合适的贴现率往往不同,实践中指导纲要一般会要求所有项目至少采用并汇报几个特定贴现率下的结论。这在政策决定中至关重要,因为不同项目如果完全自主地选择贴现率,结果就很难直接进行比较。

2. 等年值法

等年值法是把投资支出换算为等额年投资成本,将它与典型年度经营成本加总作为等额年度支出的方法。比较等额年度支出与年度收入是评价项目投资财务效益的重要方法之一。由于投资支出发生在建设期间,经营成本、销售收入发生在投产期间,它们之间的价值是不能直接对比的,因此,等年值法将投资支出换算为经济寿命期内的等额年投资成本,使其与项目的经营成本和销售收入转化到统一分析维度,确保成本与收入指标的可比性。

平准化成本是等年值法财务效益评估思路的一种体现。平准化成本(Levelized Cost)是从项目的全寿命周期视角出发评估投资项目经济性的重要方式。以发电技术为例,平准化成本分析方法是项目整个寿命期内的成本年值与全寿命周期净发电量年值之比。在实际的项目评估中,不同机构及学者对平准化成本模型的构建略有不同。美国国家可再生能源实验室(National Renewable Energy Laboratory, NREL)认为风电项目的总投资成本包括设备投资成本、财务成本、建设成本、固定运维成本及变动运维成本。NREL使用平准化成本模型追踪了不同国家的风电项目平准化成本(Levelized Cost of Electricity, LCOE),并对影响LCOE的因素进行了敏感性分析,得出建设投资成本及资本成本对LCOE影响最大的结论[1]。国际能源机构(International Energy Agency, IEA)使用LCOE模型研究了7个国家的风电竞争力,将风电项目全寿命周期成本分为投资成本、运维成本、财务成本,并重点探讨了财务成本变化对风电成本的影响。欧洲风能协会(European Wind Energy Association, EWEA)将总成本分为设备投资成本、贷款利息、运维成本、应纳税额、政府补贴和税收减免额、土地使用费、备

①　National Renewable Energy Laboratory, 2014 Cost of wind energy review, Golden:NREL,(2015).

品备件成本等,并在此基础上建立了平准化成本分析模型,研究风电项目的 LCOE[①]。

本章从建设项目减排成本核算与财务成本核算两个角度梳理了绿色投资额外投资成本评估的可用方法。减排成本关注的是实现单位减排量所需花费的额外成本,虽可满足本项目的研究需求,但其额外成本以减排量为计量单位,难以与投资项目的财务收益展开对比分析,在为金融机构提供投资风险评估依据时的可操作性较低。相比之下,财务成本可以较为直观的表征绿色投资项目与基准线间的成本差异,方便与投资项目的财务收益开展直接比较,更适用于绿色投资的额外投资成本评估。在此过程,现值法和等年值法均为可行的评估手段,成本计量方式的选择可依据投资项目特征和财务数据的可获得性而定。

第三节　绿色投资的额外成本评估模型

对于不同行业的绿色投资而言,其所设计的项目成本类型差异较大,适用的投资成本额外方法及评估模型亦存在差异。本节

---

① European Wind Energy Association, The economics of wind energy, EWEA, (2009).

将以平准化成本表征投资项目财务成本,为"一带一路"绿色投资的额外投资成本评估提供方法支撑。

绿色投资额外成本指的是在提供同等数量的产品或服务的情况下,绿色投资情景相较于基准线情景增加的投资成本,其计算公式如式(5)所示:

$$AC_x = C_x - C_b \qquad (5)$$

式中 AC_x 为绿色投资 x 的单位产品额外投资成本。C_x 为绿色投资 x 的平准化成本,即每生产一度电绿色投资 x 所需投入的财务成本年值。C_b 为基准线情景下的平准化成本,即投资目的国在现有技术水平下,每生产一度电所需投入的平均财务成本年值。

绿色投资的平准化成本的计算方法式(6)所示。其中 c 表示项目 x 的建设年限,n 为项目 x 的建设及运营总年限,i 为贴现率。

$$C_x = \frac{\sum_{k=1}^{c} \frac{1}{(1+i)^{k-1}} \times I_{x,k} + \sum_{k=c+1}^{n} \frac{1}{(1+i)^{k-1}}}{Q_x}$$

$$\frac{[OM_{x,k} \times (1-t) - (D_{x,k} + A_{x,k} - R_{x,k}) \times t]}{Q_x} \qquad (6)$$

$I_{x,k}$:项目 x 建设期间第 k 年的初始投资,包括资本投资以及资本投资产生的关税;

$OM_{x,k}$:项目 x 运营期间第 k 年的运营成本,包括燃料费用、灰渣处理费用、石灰石费用、变动运营成本、固定运营成本、保险费用；

$D_{x,k}$：项目 x 运行期间第 k 年的折旧；

$A_{x,k}$：项目 x 运行期间第 k 年的摊销；

$R_{x,k}$：项目 x 的残值分配到运行期间第 k 年的金额；

t：所得税税率；

Q_x：项目 x 的总产出。

类似地，基准线情境下的平准化成本的计算应依照公式(7)，式中各项含义参照式(6)。

$$C_b = \frac{\sum_{k=1}^{c} \frac{1}{(1+i)^{k-1}} \times I_{b,k} + \sum_{k=c+1}^{n} \frac{1}{(1+i)^{k-1}}}{Q_b}$$

$$\frac{[OM_{b,k} \times (1-t) - (D_{b,k} + A_{b,k} - R_{b,k}) \times t]}{Q_b} \tag{7}$$

第四章

"一带一路"投资的绿色评级

绿色"一带一路"是"一带一路"总框架的丰富与优化,是中国树立负责任大国地位的关键战略。合理推进沿线地区建立绿色生态"命运共同体",有利于"一带一路"国家共享低碳发展成果,实现社会、经济、环境三者共赢,推动全球的绿色转型和可持续发展。"一带一路"倡议在为我国企业境外投资提供良好机遇的同时,也需建立企业境外投资方向的引导和规范机制,推动境外投资的持续健康发展,实现与投资目的国互利共赢、共同发展的战略目标。国务院办公厅于 2017 年 8 月转发的国家发展与改革委、商务部、人民银行、外交部《关于进一步引导和规范境外投资方向的指导意见》,明确限制开展不符合投资目的国环保、能耗、安全标准的境外投资,并要求国家对境外投资实施分类指导,完善管理机制。在此过程中,绿色金融作为灵活的市场手段,将环境因素纳入企业的境外投融资决策过程之中,激励企业自发开展环境友好型的绿色境外投资,是引导和规范"一带一路"境外投资的最佳手段。

绿色金融是我国的战略优先事项,其顶层设计和政策体系在近年来加速完善。2017 年 6 月,国务院在浙江、江西、广东、贵州和新疆 5 省区建设各有侧重、各具特色的绿色金融改革创新试验区,探索绿色金融体制机制发展经验。随着我国绿色信贷、绿色债券等产品规模的快速增长,市场参与主体的日益多元,我国的绿色金融发展正逐步由分散化、试验性探索向系统化、规模化方向发展。在此背景下,绿色金融标准化建设的重要性和紧迫性日益凸显①。虽然我国已从绿色信贷、绿色债券等方面推动绿色金融体系的标准化建设,但在投资项目绿色评级方面仍缺少统一的界定和规范,这将给"一带一路"倡议的绿色基础设施融资造成阻碍。因此,以国际多边开发性金融机构为平台,在"赤道原则"等国际标准基础上创建一套适用性

---

① 王文、曹明弟:《绿色金融与"一带一路"》,《中国金融》2016 年第 16 期。

强、使用效率高的投资项目绿色评级体系,对有效引导"一带一路"境外投资的绿色方向,发挥中国的绿色金融领导力具有重要作用。

绿色评级是将环境污染影响、生态系统影响以及自然资源的可持续利用等三方面考核因素囊括在内后的信用评级体系。绿色评级一方面可以突出绿色企业、项目的环境友好性优势,降低其融资成本;另一方面可以为政府、金融机构的环境补贴、绿色信贷、绿色债券等金融新政设计提供支撑。本章以"一带一路"建设中的重点投资产业和技术为研究对象,旨在从经济学角度设计科学、具有实践价值的投资项目绿色评级机制。

为实现上述研究目标,本章将首先通过文献调研、专家访谈等方式,梳理已有的投资项目绿色评级方法,结合绿色评级结果的落地机制,阐述现有绿色评级经验以及存在的主要问题,为"一带一路"投资项目的绿色评级提供参考。其次,结合现有发展经验,提出投资项目绿色评级方法设计的基本原则,并在梳理企业、项目不同环境表现评价维度的基础上,结合投资项目的绿色额外收益和额外投资成本等指标,从识别绿色评级关键指标的角度入手搭建绿色评级机制。

第一节　金融政策中的绿色评级

随着金融手段在环境治理和应对气候变化领域的不断深入应用,绿色评级方法近年来在国内外不断涌现,并逐步运用于绿色债券、绿色信贷等绿色金融新政之中。

一、绿色债券与绿色评级

绿色债券是指金融机构法人依法发行的、募集资金用于支持绿色产业并按约定还本付息的有价证券。债券信用评级是利用标示信用程度的方式评价某一特定债券按期还本付息可靠程度的指标,可以为投资者购买债券和证券市场债券的流通转让活动提供信息服务,方便投资者进行债券投资决策[1]。根据气候债券倡议组织的数据统计,2017年全球绿色债券的发行量已达到1555亿美元,约为10.1万亿人民币,创造年度发行规模的新纪录,同比增长78%。其中,美国、中国和法国的绿色债券发行

---

[1]　何云强等:《债券信用评级与信用风险》,《管理科学》2003年第2期。

量最大,占据了全球总量的 56%。中国最大的绿色债券发行人为国家开发银行,全年累计绿色债券发行规模为 46 亿美元。紧随其后的是北京银行和中国工商银行。中国发行的多数绿色债券均为贴标绿色债券(即债券全称或简称中带"绿色"或"G"字眼的债券)。以 2016 年数据为例,国内绿色债券发行金额总计2095.19 亿元,其中 2016 年的贴标绿色债券发行金额合计2052.31 亿元,占比高达 97.95%。贴标绿债中,进行绿色认证的债券数量占比达到 86.79%。未经过绿色认证的均为发改委监管下的绿色企业债。具有绿色认证的债券中,由安永华明和中节能咨询提供评估服务的债券较多,只数和金额的合计占比分别达到 52.83% 和 45.45%。贴标债券的涵盖范围较广,包括金融债、公司债、中票、企业债、资产支持证券、国际机构债等 6大类[1]。

在绿色债券运行过程中,信用评级主要评估的是债券发行人对绿色债券安全偿还能力的大小,反映的是企业发行绿色债券的违约风险高低,而无法表征绿色债券的环境表现优劣和绿色程度,以及该环境因素对债券违约风险的影响,无法为债券的绿色性判定提供信息支撑。针对这一发展需求,诸多国内外权

---

[1] 袁荃荃:《2016 年我国绿色债券市场发展与投资要点全解析》,2018 年 1 月14 日,见 http://bond.hexun.com/2017-02-14/188139820.html。

威性的信用评级机构已出台了多项绿色债券的评估和分级方法,尝试量化债券的绿色表现,使之成为债券交易的重要依据。

"绿色债券原则(GBP)"与"气候债券倡议标准(CBS)"是绿色债券市场中常用的第三方认证标准。GBP 由国际资本市场协会(ICMA)联合多家金融机构于 2014 年共同推出,是绿色债券国际市场中最早的第三方认证志愿性指引之一。GBP 认为绿色债券项目应明确提供环境益处,旨在关注气候变化、自然资源消耗、生物多样性缺失及污染控制等问题,包括但不限于可再生能源、能效、污染物减少和控制、自然生物资源的可持续管理、生物多样性保护、清洁交通、可持续水处理、气候变化适应以及生态高效的产品、生产技术和工艺等问题。GBP 从募集资金用途、项目评估与遴选流程、募集资金管理与报告信息的透明、准确及真实等四方面为绿色债券发行人提供了指引框架。CBS 是著名的 NGO 气候债券倡议组织开发的气候债券标准。气候债券泛指融资项目或资产有益于达成"低碳经济"的债券。CBS 与 GBP 类似,也列述了一系列与达成"低碳经济"相适的项目或资产范围,包括能源(尤指新能源、可再生能源和能源管理及储存)、低碳建筑、工业(包括能源有效性、热电联产、垃圾发电等)、污染控制和封存、低碳交通、低碳信息技术和通信、低碳基础设施建设、低碳农业和林业,以及气候变化适应等内容①。

GBP 和 CBS 也是国内绿色债券的主要发行标准。中国银行顺应全球可持续发展的趋势,是发行首单绿色债券的中资企业。中国银行在其指定并发布的《中国银行股份有限公司绿色债券管理层声明》②中明确指出,中国银行发行的境外绿色债券的资金用途、项目评估和筛选、资金管理、信息披露和报告均将遵循 GBP(2016 年版),而境外绿色债券发行募集的资金净额将用于支持中国银行已经投放或未来即将投放的绿色信贷项目。中国工商银行于 2017 年 9 月发布其《绿色债券框架》,并且指出中国工商银行发行的绿色债券仅对符合如下准则中环保相关条件的现有和新增项目进行融资:1)国际资本市场协会的 GBP(2017年版)、人民银行及七部委联合印发的《关于构建绿色金融体系的指导意见》、中国人民银行的《绿色债券支持项目目录》。除此之外,中国工商银行发现的绿色债券还可按照 CBS 要求获得气候债券倡议组织(CBI)的二次认证。中国工商银行于 2017 年 10 月正式在卢森堡证券交易所发行首只绿色债券,募集资金约合 21.5 亿美元(约 143 亿人民币)。本次发行的绿色债券同时

---

① 气候债券倡议组织:《关于气候债券标准》2018 年 1 月 14 日,见 https://cn.climatebonds.net/standards/about。

② Bank of China:<Green Bond Management Statement>2018 年 1 月 14 日,见 http://pic.bankofchina.com/bocappd/csr/201607/P020160704315386714161.pdf。

符合国内外绿色定义。在获得气候债券标准认证的同时，该债券由国际气候与环境研究中心（CICERO）提供第二意见，由北京中财绿融有限公司按照中国绿债标准进行外部审查，是至今为止单笔规模最大的获认证绿色债券①。国家开发银行于 2017 年 11 月 9 日成功发行了中国首笔准主权国际绿色债券，其中包括 5 亿美元的 5 年期美元债和 10 亿欧元的 4 年期欧元债。募集资金主要用于支持"一带一路"建设相关的清洁交通、可再生能源和水资源保护等绿色产业项目。该债券执行最高的国家绿债标准，严格按照 GBP 执行，并获得国际气候债券倡议组织颁发的气候债券标识，获得国际投资者的广泛认可②。

除此之外，国内外诸多的债券评级机构均已出台了具体的绿色评级指南：

1. 穆迪公司

穆迪公司（Moody's）是获得美国证券交易委员会认定的著名债券评级机构。穆迪公司发行的《绿色债券评估方法》（Green Bonds Assessment, GBA），从绿色债券发行人对募集资金的管理、

① 气候债券倡议组织，2018 年 1 月 17 日，见 https://cn.climatebonds.net/node/84。

② 李丹丹：《国开行成功发行首笔准主权国际绿色债券》，2018 年 1 月 17 日，见 http://finance.sina.com.cn/stock/t/2017-11-10/doc-ifynsait7090593.shtml。

支配及配置,以及绿色债券所支持的环境项目情况等方面综合量化了绿色债券的各项环境效益影响因素,并根据绿色评估的综合得分判定所发行债券的绿色性和绿色程度。

穆迪公司的 GBA 主要包含智能组织、募集资金用途、募集资金使用披露、募集资金管理以及持续报告与披露等五大考核因素,不同因素的重要性不同,分配所得的权重也有所不同,分别为15%、40%、10%、15%和20%。除"募集资金用途"外,其他四项因素均由五个子因素构成,子因素具体阐述了评级体系与绿色债券的具体要求(如表4所示)①。

表4 穆迪公司绿色债券评估方法(GBA)的主要考核因素

考核因素	子因素
智能组织	• 环境治理和组织框架有效 • 政策和程序的制定经过严格的决策流程和审查 • 拥有领域内有经验的专业人士或者可以依赖的第三方机构 • 为投资标的选择制定明确而综合的标准,包括可衡量影响结果 • 决策的外部评估与项目特征相一致

---

① 绿色债券评估方法:2017 年 12 月 13 日,见 http://www.moodys.com/viewre-searchdoc.aspx? docid=PBC_188333。

考核因素	子因素
募集资金使用披露	• 描述绿色投资,包括投资组合的描述及确切的投资意向
	• 拥有足够的资金和人才来完成项目
	• 对目标结果进行定量或者定性的描述
	• 采用定性或者定量的方法和标准来计算项目的环保效益
	• 发行人聘请第三方(第三方审查、审计或第三方认证)
募集资金管理	• 债券收益在同一个会计标准下或者通过同一个指定收益的方法进行追踪
	• 资金的用途依据环境范畴和项目类型进行划分
	• 针对实际的资金分配,在计划内进行稳健的投资
	• 清晰合理的现金余额投资计划
	• 有外部组织审计或者内部有独立的审计单元
持续报告和披露	• 报告发行后,对项目的进展情况进行及时的更新
	• 整个债券周期中持续发布预期的年报
	• 信息披露中提供了投资项目的细节和他们的预期环境影响
	• 根据项目进展情况,报告提供了定量和定性的环境影响评估
	• 报告定性和定量地解释了债券的发行如何实现对环境的影响

(1)智能组织

穆迪要求绿色债券的发行者具有专业的管理组织,评估、选择、批注和监督所投资的环境项目与活动。

（2）募集资金用途

GBA 要求绿色债券依据绿色债券原则投资"旨在处理地区气候变暖、自然资源衰竭、生物多样性保护等令人关注的问题"。目前，国际社会尚未形成统一的、被大众广泛接受的绿色债券范畴。接受程度较高的绿色债券标准包括国际资本市场协会与国际金融机构合作推出的绿色债券原则以及由气候债券倡议组织开发的气候债券标准。两项标准交叉援引、互为补充，构成了国际绿债市场执行标准的坚实基础。穆迪公司的绿色债券评估方法采用绿色债券原则的分类方式，并吸收了能源与环境设计领导（LEED）、建筑研究机构环境测评方法（BREEAM）、全球房地产可持续发展指标（GRESB）、绿色之星和能源之星等机构的分类标准，要求绿色债券募集的资金需投资于可再生能源、能源效率（包括有效率的建筑物）、可持续废物管理、可持续土地使用（包括可持续林业和农业）、生物多样性保护、清洁交通、可持续用水管理、适应气候变化等领域。

（3）募集资金使用披露

穆迪除了关注债券所投资项目的合规程度外，还关注资金的实际使用情况。该因素主要评估的是发行人信息披露的质量和透明度。

（4）募集资金管理

投资人需要清晰地了解项目收益的管理情况。穆迪认为项目收益的分配和管理应有内部独立组织进行评估和审计，或通过外部的第三方组织审计。

（5）持续报告和披露

绿色债券发行后，发行人会定期更新投资到具体项目中的资本情况。穆迪关注发行人更新报告的质量和频率，并关注发行人对项目环境效益的披露，包括采用客观指标或定性描述的方式来衡量投资项目的积极和消极环境影响。

GBA 对考核因素采用五分制评分方式，根据该债券所满足的子因素标准个数给分①。比如说，若某绿色债券在智能组织方面全部满足了其五项子因素标准，则可获得 1 分。只满足四项，则只能获得 2 分。以此类推。每个因素最后的得分乘以该因素的权重便为该绿色债券的综合加权系数分。不同的分数对应不同的评级符号，表征绿色债券不同程度的环保效果和信用风险（如表 5 所示）。

---

① 仅适用于"智能组织""募集资金使用披露""募集资金管理"和"持续报告与披露"四项包含子因素的考核因素。"募集资金用途"根据定性评价的方式给分。

表5 穆迪公司绿色债券评估方法（GBA）评级等级与得分

等级	评价	得分	说明
GB1	完美	≤1.5	绿色债券发行者采取了一个极好的方式去经营、管理发行债券筹集的资金，使之投入到环保项目中去，并能持续发布报告。预期能实现极好的环保效果。
GB2	很好	1.5—2.5	绿色债券发行者采取了一个很好的方式去经营、管理发行债券筹集的资金，使之投入到环保项目中去，并能持续发布报告。预期能实现很好的环保效果。
GB3	好	2.5—3.5	绿色债券发行者采用了一个好的方法去经营、管理发行债券筹集的资金，使之投入到环保项目中去，并能持续发布报告。预期能实现好的环保效果。
GB4	一般	3.5—4.5	绿色债券发行者采用了一个一般的方法去经营、管理发行债券筹集的资金，使之投入到环保项目中去，并能持续发布报告。预期能实现的环保效果一般。
GB5	差	>4.5	绿色债券发行者采用了一个差的方法去经营、管理发行债券筹集的资金，使之投入到环保项目中去，并能持续发布报告。预期能实现差的环保效果。

2. 中诚信国际信用评级有限公司

中诚信国际信用评级有限公司（CCXI，以下简称"中诚信国际"）是经中国人民银行总行、中华人民共和国商务部批准设立，在中国国家工商行政管理总局登记注册的中外合资信用评级机构。中诚信国际于2016年8月发布了中国评级行业的第一个《绿色债券评估方法》[1]。中诚信国际绿色债券评估

---

① 中诚信国际绿色债券评估方法：2017年10月15日，见 http://www.ccxi.com.cn/cn/Init/baseFile/1047。

服务旨在评价绿色债券在募集资金投向、使用及配置于绿色投资过程中所采取措施的有效性以及由此实现既定环境目标的可能性。通过出具独立的评估结果,协助投资者进行绿色债券投资活动,为各行业以及各地区的绿色债券发行设定标准。

中诚信国际的绿色债券评估结果与债券信用评级结果相互独立,评估体系主要涵盖四个维度:募集资金投向评估、募集资金使用评估、环境效益实现可能性评估与信息披露评估。每个一级指标下又细分为若干个二级指标,共有 21 个二级指标。

(1)募集资金投向评估

绿色债券募集资金的使用方向是其区别于普通债券的重要标志,因此募集资金能否真正投向绿色投资以及所投项目是否为符合监管要求的绿色投资是评估绿色债券履行"绿色"承诺意愿及能力的重要基础。此指标综合定量与定性考核指标,其中关于绿色投资的判定标准主要参考监管机构要求。中国人民银行要求绿色金融债所投项目符合《绿色债券支持项目目录》,该文件详细划定六大类绿色投资范围。发改委在《绿色债券发行指引》中对募集资金投向范围进行清晰界定,包括节能减排技术改造、绿色城镇化等十二大类。尽管目前中国人民银行与发改委的要求存在差异,但在具体评估中,所投项目只要符合债券发行时审批机构的监管要求即可认定为达标。

（2）募集资金使用评估

募集资金使用评估主要聚焦于资金使用及管理过程的规范性及有效性。评估过程主要通过审核绿色债券发行人与此相关的内部流程或管理文件,并通过人员访谈、项目抽查、账户核对等途径对管理文件的落实情况进行对比印证,进而以此为依据对五项二级指标进行判定。

（3）环境效益实现可能性评估

该指标旨在评估绿色债券实现既定环境效益目标的可能性。环境效益实现可能性评估主要通过衡量环境目标设置的清晰性、合理性、可行性与可验证性,评估实现既定环境目标的可能性。该指标并不考量融资项目的实际环境影响,因此无法用于比较不同项目的环境影响。

（4）信息披露评估

信息披露要求贯穿于绿色债券募集资金投向、使用、环境效益评估的各个环节,信息披露质量、透明度及效率是绿色债券管理规范性的重要体现,也是上述三项指标能否进行高效评估的重要保障。该指标下设五项二级指标,对绿色债券披露信息的内容、场所、人员、制度进行多维度考量。

绿色债券评估采用打分模式确定绿色债券等级。首先对每个一级指标进行打分,随后计算综合评分,最后根据综合评分确定最终等级。"募集资金配置于绿色投资的比例"是指标体系中的唯一定量指标,其具体指投向绿色投资的资金占债券发行募集资金的比例,比例不同对应不同得分。定性指标评分以满足指标数量为基准。综合打分与评估结果确认各一级指标得分与相应权重相乘并加总,即该绿色债券的综合得分。综合得分对照评分标准,即可确认绿色债券的最终评估结果。评估体系共分为五级,分别为 G—1 至 G—5,具体等级符号及相关定义(如表6所示)。

表6　中诚信国际绿色债券评估体系符号内涵

评估符号	内涵
G—1	绿色债券在募集资金投向、使用及配置于绿色投资过程中所采取措施的有效性出色,及由此实现既定环境目标的可能性极高。
G—2	绿色债券在募集资金投向、使用及配置于绿色投资过程中所采取措施的有效性很好,及由此实现既定环境目标的可能性很高。
G—3	绿色债券在募集资金投向、使用及配置于绿色投资过程中所采取措施的有效性较好,及由此实现既定环境目标的可能性较高。
G—4	绿色债券在募集资金投向、使用及配置于绿色投资过程中所采取措施的有效性一般,及由此实现既定环境目标的可能性一般。
G—5	绿色债券在募集资金投向、使用及配置于绿色投资过程中所采取措施的有效性较差,及由此实现既定环境目标的可能性较低。

3. 标准普尔

标准普尔(Standard & Poor's)是普尔出版公司和标准统计公司于 1941 年合并而成的世界权威金融分析机构,专为全球资本市场提供独立信用评级、指数服务、风险评估、投资研究和数据服务,在业内一向处于领先地位。标准普尔旗下的标准普尔道琼斯指数(S&P Dow Jones Indices)是全球最大的金融市场指数提供商,旨在为投资人实现财务目标提供丰富的指数解决方案。标准普尔道琼斯指数推出了独立的标普绿色债券指数,细化评估绿色债券"信息披露"的质量水平和透明程度,使得绿色债券在"信息披露"维度有了可量化的评估标准。按照信息披露的程度与质量,标准普尔将绿色债券由优到劣分为五类:A 类、B 类、C 类、P 类以及无法评级类。不同标准指代的含义(如表 7 所示)。

表 7 标普绿色债券指数的评级标准①

类别	信息披露质量标准
A 类	明晰募投资金用途,清晰表达了所有募投项目产生的环境效益(包括所有风能或太阳能类项目的绿色债券)。

---

① 朱宁迪、李睿:《解码绿色金融之第三方评估》,2016 年 8 月 22 日,http://blog.sina.com.cn/s/blog_15dbc09ec0102wuvc.html。

续表

类别	信息披露质量标准
B 类	明晰募投资金用途,清晰表达了部分募投项目产生的环境效益。
C 类	明晰募投资金用途、投放项目的类别,但无预期环境效益信息披露(针对发行时长在 1 年以上的债券)。
P 类	明晰募投资金用途、投放项目的类别,但无预期环境效益信息披露(针对发行时长不足 1 年的债券)。
无法评级类	仅披露了部分募投项目的类别/发行时长在 2 年以上且物任何环境效益信息披露的债券。

二、绿色信贷与企业绿色评级

绿色信贷政策是通过各银行金融机构积极配合执行环保政策,依据信贷投放"区别对待、有保有压"的原则,在企业间接融资方面形成"守信激励,失信惩戒"的绿色约束机制。在绿色信贷运作过程中,商业银行等金融机构依据国家的环境经济政策和产业政策,对符合国家产业政策和环保要求的企业、节能减排项目给予信贷支持,增加授信额度,加大对节能减排领域的投入;对于不符合产业政策、市场准入条件、技术标准的项目,不得提供授信支持;对属于产能过剩的产业项目,要从严审查和审批贷款。绿色信贷政策的目的是引导资金和贷款流入促进国家环保事业的企业和机构,并从破坏、污染环境的企业和项目中适当抽离,从而实现资金的"绿色配置",促进社会与经济朝着更加健康以及更符合人与自然和谐共生的方向发展①。

企业绿色评级是金融机构实施绿色信贷约束机制、设计绿色信贷政策的重要依据。原国家环保总局于 2004 年出台的《关于加快推进企业环境行为评价工作》提出以保障公众环境知情权、促进工业污染防治为主要目的推动企业环境行为评价工作。企业环境信用评价是指环保部门根据企业环境行为信息②,按照规定的指标、方法和程序,对企业环境行为进行信用评价,确定信用等级,并向社会公开,供公众监督和有关部门、机构及组织应用的环境管理手段。国家环保部会同国家发改委、人民银行、银监会于 2013 年联合发布的《企业环境信用评级办法(试行)》(以下简称《办法》)具体阐述了企业环境信用评级的评价方法和标准划分。

企业环境信用的评价内容包括污染防治、生态保护、环境管理、社会监督四个方面。每个考核方面下又包含多项具体的考核指标。不同指标根据其重要程度不同获得不同的评分权重(如表8 所示)。《办法》针对每项考核指标以 50 分和 80 分为界限划分

---

① 陈柳钦:《国内外绿色信贷的实践路径》,《环境经济》2010 年第 12 期。
② 企业环境行为是指企业在生产经营活动中遵守环保法律、法规、规章、规范性文件、环境标准和履行环保社会责任等方面的表现。

了 3 种得分档,并给出了不同得分档需满足的环境行为表现要求。环保部门根据参评企业的环境行为信息,按照企业环境信用评价指标及评分方法,得出参评企业的评分结果,确定参评企业的环境信用等级。除此之外,《办法》还设置了"一票否决"和守信激励和失信惩戒机制。

企业的环境信用分为环保诚信企业、环保良好企业、环保警示企业、环保不良企业四个等级,依次以绿牌、蓝牌、黄牌、红牌表示。其中,得分为 100 分,且自愿履行两种以上绿色环保社会责任的企业可评定为环保诚信企业①。得分在 80 分(含 80 分)—100 分的,评定为环保良好企业;得分在 60 分(含 60 分)—80 分的,评定为环保警示企业;得分在 60 分以下,或者存在"一票否决"情形的,评定为环保不良企业。

表8　企业环境信用评价指标及评级方法

类别	指标名称	权重
污染防治	大气及水污染物达标排放	15%
	一般固体废物处理处置	5%
	危险废物规范化管理	5%
	噪声污染防治	4%

①　《办法》第十四条具体列举了"环保诚信企业"应积极履行的环保社会责任。

类别	指标名称	权重
生态保护	选址布局中的生态保护	2%
	资源利用中的生态保护	1%
	开发建设中的生态保护	2%
环境管理	排污许可证	6%
	排污申报	2%
	排污费缴纳	2%
	污染治理设施运行	6%
	排污口规范化整治	3%
	企业自行监测	2%
	内部环境管理情况	5%
	环境风险管理	10%
	强制性清洁生产审核	3%
	行政处罚与行政命令	15%
社会监督	群众投资	4%
	媒体监督	2%
	信息公开	4%
	自行监测信息公开	2%

　　《办法》要求组织实施企业环境信用评价的环保部门应当将企业环境信用评价结果通报给以下部门或者机构:同级发改委、国有资产监督管理部门、商务部门、人民银行等有关主管部门;银行、证券、保险监管机构;监察机关及其他有关机构;有关工会组织、有

关行业协会。《办法》鼓励上述部门或机构,结合工作职责,在行政许可、公共采购、评先创优、金融支持、资质等级评定、安排和拨付有关财政补贴专项资金等过程中,充分应用企业环境信用评价结果,并向环保部门及时反馈评价结果的应用情况。

江苏省在环境信贷政策的地方试点过程中灵活应用了企业的环境信用评价结果。江苏省早在 2000 年就开始尝试通过企业环保信用评价来建立企业环境行为与企业信贷之间的联系。江苏省的企业环保信用评价采用百分制的评价方法,依据污染防治类指标、环境管理类指标、社会影响类指标等 3 类 21 项评价指标设置减分项,对企业评级的结果从高到低依次分为绿色到黑色 5 个等级①(如表 9 所示)。常州市作为江苏省环境信贷政策的先行地区,自 2011 年起便开始对市域内的企业每月进行一次"五色动态评级",并将此评级与企业信贷挂钩,实现环保政策与信贷政策的协调联动。具体操作过程中,常州市环保局和人民银行常州市中心支行签署了《常州市企业环保信息共享协议》。协议规定,常州市环保局每季度向人行常州市中心支行提供企业环境信息,包括企业环境行为等级评定名单;获得"环境友好型企业"等环保荣誉称号的企业名单;未批先建或未经环保验收擅自投入生产的建设

---

① 董战峰等:《环境经济政策创新改革之年——2014 年国家环境经济政策进展报告》,《环境经济》2015 年第 15 期。

项目名单;挂牌督办、限期治理、限产限排企业名单;停产治理企业名单;责令关停企业名单;拒缴排污费或恶意拖欠排污费企业名单;因环境违法被行政处罚企业名单;发生重大、特大环境污染事故或事件企业名单等。金融部门根据上述环境信息,加强对高污染、高能耗企业贷款的贷前调查、贷中审查和贷后检查,对未通过环评审批或未通过环保设施验收的新建、扩建、改建项目不予贷款,也不新增任何形式的授信支持;对淘汰类项目,停止各类形式的新增授信支持,并采取措施收回已发放的贷款;对在企业环境行为等级评定中被评为"绿色"的企业,常州市环保局将优先安排环保专项资金;对评价结果为"红色"和"黑色"的企业,禁止发放除更新改造治污设施外的任何新增贷款,对"黑色"等级企业,要在确保信贷资产安全的前提下,逐步收回存量贷款。

表9 江苏省企业环保信用评价结果等级标识

分值	等级	颜色标识	环保信用情况
95 分以上	环保信用优秀	绿色	企业达到国家或地方污染物排放标准和环境管理要求,模范遵守环境保护法律法规,具有很好的社会影响。
94—80 分	环保信用良好	蓝色	企业基本达到国家或地方污染物排放标准和环境管理要求,没有环境违法情况。
79—65 分	环保信用一般	黄色	企业基本达到国家或地方污染物排放标准,有过轻微环境违法情况。

分值	等级	颜色标识	环保信用情况
64—41 分	环保信用较差	红色	企业实施污染治理,但未达到国家或地方污染物排放标准,有轻微环境违法情况或者发生过一般或较大环境事件。
40 分以下	环保信用极差	黑色	企业排放污染物严重超标,对环境造成较为严重影响,有严重环境违法情况或者发生重大或特别重大环境事件。

　　企业环境信用评价指标主要围绕企业是否满足监管部门监管要求进行设置,评价范围主要局限于国家、地方环保部门重点监控企业、高污染、高耗能、环境风险高、生态环境影响大、产能严重过剩行业内的企业。联合赤道环境评价有限公司(以下简称"联合赤道")于 2017 年发布的《企业主体绿色评级方法体系》适用性更为广泛。联合赤道界定了绿色企业的范围,制定了绿色企业的入围准则及企业环境表现评价指标体系。该体系对部分严重违规违法行为的企业采取"一票否决"。依据企业主营业务环境改善贡献度等级确定其绿色等级的可入围级别,根据指标体系定量评估企业环境表现,综合企业环境改善贡献度和环境表现确定企业的最终绿色等级。企业主营业务环境改善贡献度主要根据人与自然关系、项目污染程度、项目环境风险、国家产业政策、国家经济行业分类等,对行业的环境改善贡献度分为 G1—G5 五个等级。企业

环境表现评价指标体系采用 3 级体系,主要从污染防治、生态保护、环境管理、社会影响、信息公开、环境表彰 6 个方面定量评价企业环境表现,并设置部分鼓励性指标作为加分项。该体系可从污染影响、生态影响和资源可持续利用等绿色因素方面对被评价主体进行一致可比的有效评价,全面评估企业主体的环境正负外部性。

第二节 "一带一路"投资项目的绿色评级机制

伴随绿色金融的发展浪潮,国内外的政府部门与第三方评估结构均已在绿色评级方式设计和结果应用等方面作出较多尝试,但在全面推广的过程中仍存在诸多障碍。首先,不同的绿色评级机制采用的评估方法和评级标准不同,传递的评估信息也存在显著差异,尚未形成统一的评级标准。其次,受绿色评级结果的落地机制影响,各类绿色评级方法的适用范围存在一定局限。例如,用于评价绿色债券绿色程度的绿色评级机制关注的是债券发行方的资金使用情况和债券管理能力,不是针对投资项目的绿色评级,并不适用于评估"一带一路"投资项目的绿色程度。第三,现有绿色评级机制所采用的评价指标多关注被评价对象是否满足环保机构和金融机构的规制要求,多采用间接的量化方式,如对各项指标打分并加权得出总分的方式进行评级,并不是直接量化项目绿色效益和收益,未能体现其实际环境影响,无法直接表征被评价对象的绿色化程度。第四,现有的绿色评级方法未将投资项目的绿色效益与项目的财务投资成本和绿色收益挂钩。最后,现有的评级方法大多数从金融机构的角度和政府监管的角度来对企业行为和投资活动进行考量,无法为企业的自我绿色评级提供技术支撑。因此,结合"一带一路"投资项目绿色导向的实际需要,急需综合投资项目的环境和财务表现,设计具有针对性的投资项目绿色评级机制。

一、投资项目绿色评级的基本原则

"一带一路"倡议发布以来,沿线境外非金融类直接投资持续增长。2017 年第一季度"一带一路"沿线非金融类直接投资累计 29.5 亿元,占总境外投资比的 14.4%,比 2016 年同期上升 5.4 个百分点;"一带一路"沿线新签对外承包工程项目合同 952 份,约占同期对外承包工程完成总额比重的 50%,同比增长 4.7%①。制

---

① 侯彦全、程楠、侯雪、康萌越:《准确把握"一带一路"背景下国际产能合作新特征》,《中国经济时报》2017 年 8 月 9 日。

造业特别是装备制造业的投资持续增加,国际产能合作是"一带一路"建设的重要抓手和平台,亟须发挥金融机制的对外投资导向作用,助推绿色"一带一路"倡议的建设与发展。清晰、可行的投资项目绿色评级机制是绿色金融制度发挥导向作用的重要基础。基于国内外投资项目的绿色评级经验,该研究认为"一带一路"投资项目的绿色评级机制应遵循以下原则:

1. 投资项目的绿色评级指标应包含对投资环境影响的直接评估,并通过货币化的形式,将投资项目的环境影响、财务成本、财务收益等因素转化到同一分析维度,使综合、全面的投资项目评估成为可能。

2. 投资项目的绿色评级的划分方式应与绿色金融机构现有项目评估机制,以及国内外各行业现有环境管理制度和要求紧密结合。借助已有管理制度基础最小化"一带一路"投资项目绿色评级的识别成本。

3. 投资项目的绿色评级应提供统一且灵活的评价方式。在明确绿色投资界定思路与依据的同时,还应适应"一带一路"沿线地区多样化的环境管理优先需求,满足不同评估主体差异化的投资项目绿色要求。在确定投资项目基准线的基础上,关注投资项目产生的额外环境影响和成本负担,并以此为基础提供灵活的、可调节的投资项目绿色评级服务。

4.绿色投资的界定与评级应该是一个动态化的评价机制。一方面,绿色评价基准线的设定和绿色等级的划分应随着所在国经济和绿色技术的发展水平,以及政策法规的变化而动态更新。另一方面,投资项目的绿色评估应该涵盖项目申请初期、项目建成验收、项目运行、项目终止等全过程,为"一带一路"投资项目提供持续的绿色约束。

二、"一带一路"投资的绿色评级方案

投资项目的绿色评级应首先确定评级所应考核的因素及其表征方式。其次,确定不同考核因素的评级指标。最后,在评级指标的取值范围内划分不同等级,并确定不同绿色等级投资项目对应的实际意义,即评级结果的落地机制。

1.考核因素

为确保绿色评级方案可以更为直接地表征投资项目的环境影响,应从以下几方面选取"一带一路"投资项目的绿色评级考核因素。

(1)投资项目绿色效益

投资项目绿色效益指的是"一带一路"投资项目在其主要的

污染指标方面,与基准线情景相比减少的污染排放量。绿色效益表示的是项目投资带来的直接环境效益,这是评判项目绿色属性的关键考核因素,可以"单位产品绿色额外效益"和"单位产品绿色额外效益的年均值"作为具体的考核因素。

本书第二章具体表述了绿色额外效益分析中基准线的选取方式,以及单位产品绿色额外效益的数据来源。评级单位可通过"直接求和""加权求和""按当量求和"等方式加总投资项目主要污染指标的额外减排量,并与当期的产品产量相除得到单位产品绿色额外效益。单位产品绿色额外效益越大表示投资项目的绿色程度越高。反之,越低。

单位产品绿色额外效益的年均值的计算公式如下:

$$TAE_x = \frac{\sum_{k=1}^{n} AE_{xk}}{n} \tag{8}$$

式中 TAE_x 为投资项目 x 的单位绿色额外效益的年均值, AE_{xk} 为投资项目 x 第 k 年的单位产品绿色额外效益。 n 为投资项目的建设与运行年限之和。该方法将投资项目的建设期长短考虑在内,可以将投资项目的建设时间成本考虑在内,更为全面地评估投资项目产生的绿色额外效益。

(2)投资项目绿色收益

投资项目绿色收益指的是"一带一路"投资项目在运行过程

中因其环境友好性特征而产生的收益,即减少的环境损害的货币化价值。通过绿色收益指标,投资项目的绿色评级考量的是该绿色投资带来的环境改善价值,是投资项目绿色等级评价的重要方面之一,可以"单位产品绿色额外收益"和"单位产品绿色额外收益的年均值"作为具体的考核因素。

本书第二章具体表述了绿色额外收益分析中基准线的选取方式,以及单位产品绿色额外收益的计算公式。绿色额外收益越大表示绿色投资产生的绿色收益越大。反之,越小。

单位产品绿色额外收益的年均值的计算公式如下:

$$TAB_x = \frac{\sum_{k=1}^{n} \frac{AB_{xk}}{(1+R)^{k-1}}}{n} \tag{9}$$

式中 TAB_x 为投资项目 x 的单位绿色额外收益的年均值,AB_{xk} 为投资项目 x 第 k 年的单位产品绿色额外收益。R 为贴现值。n 为投资项目的建设与运行年限之和。

(3)投资项目总收益

投资项目总收益指的是"一带一路"投资项目在运行过程中产生的各类经济收益的总和,可以帮助绿色评级筛选出社会收益较大的项目。"单位产品额外总收益"和"单位产品额外总收益的年均值"是可行的表征投资项目社会收益的考核因素。额外总收益是绿色投资绿色额外收益与额外销售收益之和。额外销售收益是与基准线情景相比,绿色投资提供同等服务或产品时增加的投资收益。单位产品产生的额外总收益越大,说明该项目带来的社会收益越大。反之,越小。

单位产品额外总收益的年均值的计算公式如下:

$$TAG_x = \frac{\sum_{k=1}^{n} \frac{AG_{xk}}{(1+R)^{k-1}}}{n} \tag{10}$$

$$AG_{xk} = AB_{xk} + AF_{xk} \tag{11}$$

式中 TAG_x 为投资项目 x 的单位产品额外总收益的年均值,AB_{xk} 为投资项目 x 第 k 年的单位产品绿色额外收益。AF_{xk} 为投资项目 x 第 k 年的单位产品额外销售收益。R 为贴现值。n 为投资项目的建设与运行年限之和。

(4)投资项目绿色效率

投资项目绿色效率指的是"一带一路"绿色投资的收益效率,即实现单位收益所需花费的额外成本。在此过程中,投资项目的绿色评级同时关注投资项目的收益情况和成本支出情况,筛选出的是以最小的投资成本实现最大环境收益的投资项目。此处的收益既可以是绿色收益,也可以是社会总收益。单位产品额外绿色投资回报率和单位额外总投资回报率均是可行的投资项目绿色效率的考核因素。其中,额外绿色投资回报率指的是投资项目额外绿色收益占绿色投资额外投资的百分比。单位产品的额外绿色投资回报率计算公式如下:

$$AGROI_x = AB_x / AC_x \qquad (12)$$

式中 $AGROI_x$ 为投资项目 x 单位产品的额外绿色投资回报率, AB_x 为单位产品的绿色额外收益, AC_x 为单位产品的额外投资成本。

额外总投资回报率指的是投资项目额外总收益占绿色投资额外投资的百分比。单位产品的额外总投资回报率计算公式如下:

$$AROI_x = AG_x / AC_x \qquad (13)$$

式中 $AROI_x$ 为投资项目 x 单位产品的额外总投资回报率, AG_x 为单位产品的额外总收益, AC_x 为单位产品的额外投资成本。

同样,投资项目的单位产品额外绿色投资回报率的年均值和单位产品额外总投资回报率的年均值也是可行的投资项目绿色效率的评价指标。其中,单位产品额外绿色投资回报率的年均值的计算公式如下:

$$TAGROI_x = TAB_x / TAC_x \qquad (14)$$

$$TAC_x = \frac{\sum_{k}^{n} \dfrac{AC_{xk}}{(1 + R)^{k-1}}}{n} \qquad (15)$$

式中 $TAGROI_x$ 为投资项目 x 的单位产品额外绿色投资回报率的年均值，TAB_{xk} 为投资项目 x 的单位产品绿色额外收益的年均值。TAC_{xk} 为投资项目 x 的单位产品额外投资成本的年均值。AC_{xk} 为投资项目 x 的单位产品额外投资成本。R 为贴现值。n 为投资项目的建设与运行年限之和。

年均额外总投资回报率的计算公式如下：

$$TAROI_x = TAG_x / TAC_x \qquad (16)$$

式中 $TAROI_x$ 为投资项目 x 的单位产品额外总投资回报率的年均值，TAG_{xk} 为投资项目 x 的单位产品总额外收益的年均值。TAC_{xk} 为投资项目 x 的单位产品额外投资成本的年均值。

2. 评级指标

为确保绿色评级过程中不同投资项目间的可比性，应以投资项目的绿色效益和绿色收益作为绿色评级的一级考核因素，以投资项目与基准线相比，在所考核因素方面表现的突出程度，即在某项考核因素上，投资项目相对于基准线增加的比例程度作为评级指标。增加的比例越大，绿色等级越高。反之，越低。建议划分四级标准，将增加比例高于75%、50%、25%和0%的项目分别评定为G1、G2、G3和G4。该等级划分方式和落地机制设计需通过实地调研等方式，根据各地区投资项目的绿色表现分布情况，以及所需的绿色额外性解决方案进行动态完善。对于同一绿色等级的投资项目而言，可选择投资项目的绿色效率作为二级考核因素，效率高的投资项目可优先获得投资机会。

第 五 章

"中巴经济走廊"中的绿色标尺

　　"中巴经济走廊"是中国总理李克强于 2013 年 5 月访问巴基斯坦时提出的,以加强两国互联互通,促进两国共同发展的合作战略。合作领域包括交通、能源、海洋等多个领域。2013 年,习近平主席提出"一带一路"倡议构想后,中巴经济走廊作为"一带一路"倡议的有益补充,其战略重要性进一步得到提升。巴基斯坦基础设施相对落后,电力工业严重不足。全国日平均电力缺口约 400 万千瓦,伊斯兰堡、拉合尔等大城市每天都会多次拉闸限电①。

---

　　①　宋旸、耿兴强、刘向晨、康从钦:《卡西姆港燃煤电站首台机组发电　为中巴友谊再添新动力》,《中国电力报》2017 年 12 月 20 日。

"中巴经济走廊"推动了多项中巴煤电合作项目,既可为巴基斯坦的基础设施建设提供电力支撑,又可推动"一带一路"倡议下的能源合作。中国电力产能在"走出去"的过程中需要有效的绿色评级机制提供方向指引。本章将首先梳理"中巴经济走廊"投资项目所面临的环境管理背景,并以亚洲开发银行援助建设的贾姆肖罗(Jamshoro)发电站为例进行案例分析。

第一节 "中巴经济走廊"的环境管理背景

一、中国企业境外投资管理要求

我国对国内企业境外投资实施备案和核准式管理,无特殊的环境管理审批程序。国家商务部于 2014 年 9 月发布的《境外投资管理办法》要求国家商务部和省级商务主管部门按照企业境外投资的不同情形分别实行备案和核准管理。其中,企业境外投资涉及敏感国家和地区、敏感行业的,实行核准管理。属于备案情形的境外投资,中央企业报商务部备案,地方企业报所在地省级商务主管部门备案。中央企业和地方企业需分别按要求填写并打印《境外投资备案表》,加盖印章后,连同企业营业执照复印件分别报商务部或省级商务主管部门备案。商务部或省级商务主管部门应当自收到《境外投资备案表》之日起 3 个工作日内,通过"境外投资管理系统"对企业境外投资进行管理,并向获得备案或核准的企业颁发《企业境外投资证书》。虽然我国政府未对企业境外投资提出具体的环境管理要求,但明确指出企业应当要求其投资的境外企业遵守投资目的地法律法规、尊重当地风俗习惯,履行社会责任,做好环境、劳工保护、企业文化建设等工作,促进与当地的融合。

二、巴基斯坦对外国投资合作的管理要求

根据巴基斯坦《1976 年外国私人投资(促进与保护)法案》和《1992 年经济改革促进和保护法案》,巴基斯坦所有经济领域向外资开放,外资同本国投资者享有同等待遇,同时也要求外资企业遵守巴基斯坦国内包括税收、劳动就业、环境保护在内的相关法律法规。巴基斯坦具有以《巴基斯坦环境保护法(1997)》为核心的较为完善的环保法规体系,主要包括《国家环境质量标准》①、省级可持续发展基金委员会制度、工业污染费制度、清洁发展机制国家战

---

① 包括工业自我监督和报告制、环境实验室证书、环境空气、饮用水、噪声、汽车尾气和噪声等一系列标准。

略、清洁空气项目、环境影响评估程序,以及各具体行业的环境指导项目和检查清单等。其中,环境影响评价是审批发展项目的先决条件,并针对大型火电项目、化工制造企业、建筑和城市发展、工业、道路、废物处理、油气探勘等行业制定了具体的环境影响评价方法与程序。巴基斯坦环境部下属的环境保护局及各省环境部门是环评工作的具体执行部门。环评申请需由企业根据不同行业要求向执行部门直接提交。

三、金融机构环境影响评估要求

国际金融机构已融合技术、经济、信托、环境和社会等多方面因素,形成金融投资的多元决策机制。以亚洲开发银行(Asia Development Bank,ADB)为例,企业需首先提交投融资申请,具体阐述投资项目概况及其技术、金融、经济、环境和社会可行性。随后,项目审批机构将根据申请单位提交的资料,开展概念界定(Concept Clearance)、尽职调查(Due Diligence)、条款清单(Term Sheet)、最终评价(Final Review)、董事会考核(Board Consideration)、资金到位(Financial Close)等的一系列项目审批程序。

第二节 "中巴经济走廊"投资项目的绿色评估

一、"中巴经济走廊"投资案例——贾姆肖罗煤电站

巴基斯坦贾姆肖罗发电站是由亚洲开发银行援助建设的能源项目。电站计划建设两台装机容量为 660MW 的发电机组。第一台 660MW 机组由亚洲开发银行全额资助,第二台机组由亚洲开发银行和伊斯兰开发银行联合资助。中国建筑第三工程局某公司承担了贾姆肖罗电厂三台火力发电机组的全部土建工程。

贾姆肖罗燃煤发电厂项目引进的超临界燃煤发电技术是巴基斯坦目前最先进的技术。该技术对环境的影响将小于现有的重质燃料油(重油)燃煤发电厂和更常用的亚临界燃煤发电技术。贾姆肖罗燃煤发电厂项目采用先进超临界燃煤技术和飞灰回收技术,共可减排 50.3 万吨二氧化碳,具有较高的应对气候变化价值,且可大幅降低大气污染排放量,将颗粒物、二氧化硫和氮氧化物等污染物排放浓度控制在 $30mg/Nm^3$、$254(200)mg/Nm^3$ 和 $75mg/Nm^3$,远低于巴基斯坦的当地

排放浓度要求①。

二、投资案例的绿色属性判定

判断贾姆肖罗燃煤电站的绿色属性,需首先明确其主要的环境影响因素及其绿色属性判定基准线。燃煤电站在煤炭燃烧发电的过程中将排放颗粒物、二氧化硫和氮氧化物等大气污染物,并将释放大量温室气体。由于缺少燃煤电站的燃料使用数据,本节将仅从大气污染减排的角度入手分析该投资项目的绿色属性。

绿色投资项目应推动投资目的国实现绿色发展,不应阻碍投资目的国实现其环境保护和应对气候变化国家战略。贾姆肖罗燃煤电站在投资建设过程中符合巴基斯坦的相关环保政策和法律法规,符合巴基斯坦的环境影响评价要求、节能审计要求和土地审批等要求。除此之外,绿色投资项目应推动投资目的国的基础设施建设向绿色化方向发展,使其基础设施建设的环境和气候变化影响不断变小。因此,投资项目的主要污染排放浓度应低于绿色属性基准线,即未投资该项目时,巴基斯坦电力生产的平均污染排放浓度。本节利用巴基斯坦各类发电机组的污染排放标准表征其平

---

① RRP Contribution to the ADB Results Framework, 2017 年 12 月 25 日, https://www.adb.org/sites/default/files/linked-documents/47094-001-crf.pdf 。

均排放水平,利用各类机组的发电量占比计算巴基斯坦电力部门
主要污染排放浓度的算术平均值。巴基斯坦的国家电力管理局行
业报告显示,2013年全国所有电力供应绝大部分来自国内自产
(除0.38%来自进口)。其中,燃煤发电占比最高,为36.1%,水电
和燃气发电次之,分别占比30.8%和28.4%,核电、燃煤发电与风
电分别占比4.22%、0.04%和0.03%。利用该发电结构加权平均
各类发电机组的污染物排放浓度标准得到巴基斯坦发电项目的绿
色属性基准线(如表10所示)。对比贾母肖罗燃煤电站与绿色基
准线下的污染排放浓度,贾姆肖罗的排放浓度均低于基准线水平,
属于绿色投资项目。

表10 巴基斯坦发电项目绿色属性基准线及案例实际排放

（mg/Nm³）	基准线	贾姆肖罗
颗粒物	114	30
二氧化硫	644	254/200
氮氧化物	347	75

三、投资案例的绿色额外收益评估

贾姆肖罗燃煤电站采用高标准燃煤发电技术,主要污染物的
排放浓度多低于巴基斯坦当地的平均水平,因此,在提供同等电力

服务时,该电站将与当地平均发电技术相比产生额外的大气污染减排量,并产生额外绿色收益。额外大气污染减排量为基准线情景下和项目情景下主要大气污染的排放量之差。排放量等于排放浓度与排气量之积。项目情景和基准线情景下,大气污染物排放浓度与发电机组年总排气量、单位产品排气量之积分别为项目情景和基准线情景下的大气污染物年排放量和单位产品排放量。本节通过案例数据倒推该项目的单位产品排气量为 $3.9Nm^3$。计算基准线情景下的年排放量和单位产品排放量时,应利用巴基斯坦各类发电机组排放浓度的算术平均值乘以年排气量的算术平均值、单位产品排气量的算术平均值。但由于缺少巴基斯坦各类发电机组的排气量数据,本文假设基准线情景下的排气量与项目情景相同。

利用已知数据,计算得到基准线情景下与各案例情景下主要污染物的单位发电排放量与年排放量(分别如表 11、表 12 所示)。贾姆肖罗燃煤电站在颗粒物、二氧化硫和氮氧化物三项主要大气污染物方面的单位产品额外减排量分别为 $293mg/kWh$、$1459mg/kWh$、$950mg/kWh$,年额外减排量分别为 $1309t$、$6518t$、$4244t$。

表 11　投资项目主要污染物的单位产品排放量与额外排放量

mg/kWh	基准线	贾姆肖罗	
		排放量	额外减排量
颗粒物	398	105	293
二氧化硫	2253	794	1459
氮氧化物	1213	263	950

表 12　投资项目主要污染物的年排放量与额外排放量

t	贾姆肖罗		
	基准线	排放量	额外减排量
颗粒物	1777	469	1309
二氧化硫	10065	3547	6518
氮氧化物	5419	1175	4244

　　投资项目的绿色额外收益为额外污染减排产生的社会收益的货币化结果。利用效益转移法评估额外绿色收益时，应利用巴基斯坦当地的案例研究或排污费费额、排污税税额表征单位污染减排的社会收益，但由于缺乏当地数据，该研究利用中国的排污税数据表征投资项目单位减排的社会收益。依据 2018 年 1 月 1 日起实施的中华人民共和国环境保护税法，

二氧化硫、氮氧化物、烟尘和粉尘四类主要污染物的税额范围为 1.2—12 元每污染当量，每 0.95、0.95、2.18 和 4 千克的二氧化硫、氮氧化物、烟尘和粉尘污染排放量为 1 当量①（如表 13 所示）。

表 13　主要大气污染物的排放税额与污染当量值

污染物	污染当量值（kg）	税额（元/每污染当量）
二氧化硫	0.95	
氮氧化物	0.95	1.2—12
烟尘	2.18	
粉尘	4	

利用已知数据，可计算得到贾姆肖罗燃煤电站大气污染减排的单位发电额外收益为 3.16 厘—31.57 厘②，年额外收益为 1410 万—14103 万元，项目运营周期内的总额外收益为 1.99 亿—19.88 亿元③。

---

① 颗粒物中粉尘和烟尘的当量分别为 4 和 2.18，取平均值 3.09。

② 1 厘＝0.001 元。

③ 贴现率取 5%，贾姆肖罗项目年限为 25 年。

表14 投资项目单位发电额外收益与年额外收益①

主要污染物	贾姆肖罗	
	单位发电额外收益(10^{-3}元/kWh)	年额外收益(万元)
颗粒物②	0.11—1.14	51—508
二氧化硫	1.84—18.43	823—8234
氮氧化物	1.20—12.00	536—5361
总和	3.16—31.57	1410—14103

四、投资案例的绿色额外成本评估

本节明确了贾姆肖罗燃煤电站的绿色属性,还需进一步判断绿色投资所伴随的额外投资成本。绿色额外投资成本评估的基准线情景应为投资目的国为提供同等产品或服务可能选择的项目情景。针对本节所采用的案例,基准线情景应为可以使巴基斯坦在中短期实现同样的电力供应增长的项目情景。可能的情景包括新建燃油机组、燃气机组、燃煤机组、核能发电机、水电机组以及生物质能、太阳能或风能等可再生能源发电设施。针对各种情景的讨论(如表15所示)。

---

① 分别取单位排放社会损害价值为1.2元/当量和12元/当量计算投资项目的绿色额外收益范围如表所示。
② 颗粒物中粉尘和烟尘的当量分别为4和2.18,取平均值3.09。

表 15　基准情景分析

序号	情景	适用性	讨论
M1	新建燃油发电机组	不适用	巴基斯坦进口燃油成本高昂,燃油发电在电力生产行业中所占比例居高不下是巴基斯坦发电成本高的重要原因,因此巴基斯坦政府的能源政策格外强调降低对燃油发电的依赖,转向更为廉价的发电燃料。因此,巴基斯坦再次投资油电的可能性不大。
M2	新建燃气发电机组	不适用	新增燃气发电可以满足稳定的电力供给需求,符合巴基斯坦能源政策关于降低发电成本的指向,是可能的基准线情景之一。但巴基斯坦国内的天然气资源正面临被开采枯竭的压力,未来会越来越依赖进口,其发电成本也会随着天然气资源的短缺而上升,也不利于国家电力安全战略的长久发展,因此燃气发电机组的适用性较差。
M3	新建燃煤发电机组	适用	新增燃煤发电能够满足稳定的电力供给需求,又符合巴基斯坦能源政策关于降低发电成本的指向,原料能源储备丰富,国内的燃煤产量随着塔尔煤的开采将逐渐增加,所以长远来看,采用煤作为发电燃料无论对于投资者还是巴基斯坦政府来说是更为可行的选择。
M4	新建核能发电机组	不适用	新建核能发电机虽可以提供稳定的基本电力负荷,但是核能发电机的装备时间较长,无法在短期内解决巴基斯坦的电力需求。
M5	新建水电机组	不适用	水力发电可以提供相对稳定的基本电力负荷,但是新增水力发电容量需要更长的项目建设时间,而且巴基斯坦的丰富水能资源主要集中在北部,若要满足中部的大量的电力需求则需要配套建设输电网,增强电力输送能力,因此新建水电机组难以在中短期内实现巴基斯坦电力供应的增长,可以将该情景排除。

续表

序号	情景	适用性	讨论
M6	新建可再生能源发电机组（生物质能、太阳能或风能）	不适用	生物质能、太阳能或风能发电的稳定性较差，更适合作为备用机组或调峰机组，不是巴基斯坦新增稳定电源的首选。

通过分析各项备选的项目情景发现，燃煤发电项目无论对于投资者还是巴基斯坦政府来说，都是在短期内为巴基斯坦增加稳定电力供应的最为可行的选择。所以我们将基准线情景确定为，新建一个可以提供同等电力服务并采用当地一般性发电技术的燃煤机组项目。基准线情景下的投资成本应为该一般性燃煤发电技术的平准化成本。但由于缺少相关数据及信息支撑，研究者无法计算得到基准线项目情景下的平准化成本，因此，暂时选用巴基斯坦近期的燃煤发电机组平均发电成本来估算基准线情景的单位发电成本。所采用的数据来自巴基斯坦国家电力管理局的行业分析报告。该报告显示，2014 至 2015 年，国内燃煤发电的平均成本为 Rs.4.50/kWh，运营 30 年内的平准化成本为 Rs.1.82/kW。

根据亚洲开发银行对贾姆肖罗燃煤机组项目的财务分析以及巴基斯坦国家电力管理局的电价批复文件，计算该项目的平均发电成本。财务分析报告给出了项目的初始资本投资约 11.73 亿美元，并分别列出了项目建设期间各年的初始资本投资。这里考虑的项目运行年限为 25 年,在此期间,平准化的单位发电运营成本为 Rs.
5. 2115/kWh①。项目运行结束时的残值约 2. 14 亿美元,据此可以
计算出各年的折旧以及残值的分配。假设摊销为 0。燃煤机组的装
机容量为 660MW,净发电容量为 600MW,容量系数为 85%。净发电
容量与容量系数之积为该燃煤机组的小时发电量,再乘以全年小时
数(24 * 365)便为该电站的年发电量,约为 4. 5 亿 kWh,将其乘以
25,计算出项目运行期间年的总发电量。同样地,采用 8%的贴现
率。依据式 6,贾姆肖罗发电站一台 600MW 燃煤机组的单位发电成
本为 Rs.4. 52/kWh②。假设基准线情境下年平均发电成本为 Rs.
4. 50/kWh,计算 25 年的平准化成本为 Rs.2. 08/kWh。可以得出
贾姆肖罗燃煤发电机组的绿色额外成本为 Rs.2. 44/kWh。

五、投资案例的绿色评级

在梳理投资项目绿色评价维度的基础上,本节从绿色效率、绿

---

① 此处的单位发电运营成本包括了电价批复文件中的燃料费用(Fuel Cost)
Rs.3. 8832/kWh,灰渣处理费用(Ash Disposal Cost)Rs.0. 22/kWh,石灰石费用(Lime
Stone Cost)Rs.0. 09/kWh,当地及国外的变动运营成本(Local Variable O&M Cost,For-
eign Variable O&M Cost)共 Rs.0. 149/kWh,当地及国外的固定运营成本(Local Fixed
O&M Cost,Foreign Fixed O&M Cost)共 Rs.0. 574/kWh,以及保险成本(Insurance Cost)
Rs.0. 080/kWh。
② 采用电价批复文件中的参考汇率 97.1Rs/USD。

色收益、总收益和绿色效率四个方面提供了多种可供选择的考核因素。本节将以绿色收益作为示范指标,为贾母肖罗煤电站进行绿色评级。在计量方式方面,除单位产品的环境表现外,本节还关注该表现的年均情况,从而将投资项目研发时间、建设时间等间接成本考虑在内,提出更加全面的评级指标。贾姆肖罗燃煤电站的总年限为 30 年,其中运行年限为 25 年。在基准线情况下,电力投资项目产生一度电将伴随 45.32×10^{-3} 元的环境损害成本,而贾姆肖罗煤电站与当地平均发电技术相比产生额外的大气污染减排量,每产生一度电将减少 31.57×10^{-3} 元的环境损害[①],减少了基准线情景下 70% 的环境损害,属于 G2 等级的绿色投资项目。分别以 3% 和 5% 作为贴现率计算投资项目绿色额外收益的年均值,同样得到类似的结论(如表 16 所示)。

表 16　以绿色额外收益为考核因素的贾姆肖罗燃煤电站绿色评级判定

计量方式		贾姆肖罗绿色额外收益	基准线下的环境损害成本	评级指标数值	等级
单位产品(10^{-3}元/KWh)		31.57	45.32	70%	G2
年均单位产品(10^{-3}元)	贴现率:3%	16.28	23.91	68%	G2
	贴现率:5%	12.20	17.70	68%	G2

---

① 以每污染当量税额为 12 元计算。

总　结

　　将生态文明理念融入"一带一路"建设,共建绿色"一带一路"是"一带一路"顶层设计中的重要内容。《推动共建丝绸之路经济带和21世纪海上丝绸之路的愿景与行动》中明确强调,发展"一带一路"需要强化基础设施的绿色低碳化建设和运营管理,在建设中充分考虑气候变化影响,保护投资所在国的生态环境,合理有效地开发利用当地资源能源,在促进当地社会经济发展的同时与投资所在国共商、共建、共赢。

　　绿色金融是支持环境改善、应对气候变化和使资源节约高效利用相关经济活动的金融服务工具,可以利用金融杠杆推动绿色

"一带一路"的建设和发展。绿色投资项目界定机制的缺失是在"一带一路"建设过程中发展绿色金融的首要瓶颈之一。2016年8月31日,中国人民银行等七部委联合发布了《关于构建绿色金融体系的指导意见》(以下简称《意见》),明确提出要通过再贷款、贴息、专业化担保机制等措施推动对外投资绿色化。绿色"一带一路"建设也将加强对外投资的环境管理,促进绿色金融体系的发展作为全面服务"五通"的主要任务之一。《意见》要求推动制定和落实防范投融资项目生态环保风险的政策和措施,加强对外投资的环境管理,推动我国金融机构、中国参与发起的多边开发机构以及相关企业采用环境风险管理的自愿原则,支持绿色"一带一路"建设,积极推动绿色产业发展和生态环保合作项目落地。

为完善绿色投资的评估工具,为"一带一路"投资提供可行的绿色标尺,本书第一章从绿色投资的战略意义意义出发,从两方面设定绿色技术项目的判定标准。第一,绿色投资项目应推动投资目的国实现绿色发展,不应阻碍投资目的国实现其环境保护和应对气候变化的国家战略。要求绿色投资项目必须符合项目所在国的相关环保政策和法律法规。不符合投资目的国环境影响评价要求、节能审计要求、土地审批要求的项目,未列入投资目的国产业政策支持目录的项目,和列入国家淘汰类、限值类淘汰目录的投资项目不予纳入绿色投资项目行列。其次,绿色投资项目应推动投资目的国的基础设施建设向绿色化方向发展,为投资所在国带来绿色额外效益。

　　在明确绿色投资项目的判定依据之后,第二章进一步提出了绿色投资额外环境效益的货币化机制。该机制选用"效益转移"的货币化方法,强调投资项目绿色额外收益的高效率与高质量评估。在综述现有绿色收益量化研究的基础上,第二章提出货币化"一带一路"投资项目的两种效益转移思路。第一,尽量利用已有的、符合项目特征的污染减排社会价值评估案例作为效益转移依据,或针对投资目的国的各类主要投资产业开展普适性绿色投资绿色收益的量化研究,确定各类污染物和温室气体减排的单位收益区域,提高投资项目绿色额外收益评估的效率与质量。第二,当缺乏高质量的效益转移"案例情景"时,可利用投资目的国的环境税税率或排污费费率表征绿色投资单位污染物减排的绿色收益,利用投资目的国或国际机构模拟的碳价表征绿色投资单位温室气体减排的绿色收益。

　　在绿色投资项目的绿色额外投资成本评估研究中,第三章首先将绿色投资的额外投资成本界定为绿色投资情景相较于基准线情景增加的投资成本。从投资成本的笼统分类来看,该成本属于绿色投资直接产生的额外显性成本。绿色投资额外投资成本分析的基准线应为未投资绿色投资时,投资目的国提供同等产品或服务的平均成本。其次,第三章从建设项目减排成本核算与财务成本核算两个角度梳理了绿色投资额外投资成本评估的可用方法。减排成本关注的是实现单位减排量所需花费的额外成本,虽可满足本项目的研究需求,但其额外成本以减排量为计量单位,难以与投资项目的财务收益展开对比分析,在为金融机构提供投资风险评估依据时的可操作性较低。相比之下,财务成本可以较为直观地表征绿色投资项目与基准线成本的差异,方便与投资项目的财务收益开展直接比较,更适用于绿色投资的额外投资成本评估。在此过程中,现值法和等年值法均为可行的评估手段,成本计量方式的选择可依据投资项目特征和财务数据的可获得性而定。为验证上述评估思路的可行性,第三章以平准化成本或成本的净现值来比较基准线成本和绿色投资的投资成本,搭建了绿色投资额外投资成本的评估模型。

在投资项目绿色评级研究中,第四章基于国内外金融机构和政府部门的绿色评级经验,认为“一带一路”投资项目的绿色评级机制应直接表征投资项目的绿色程度或绿色效率,并具有可操作性高、灵活性强等特征。在梳理投资项目绿色评价维度的基础上,该评级体系从投资项目绿色收益、总收益、绿色效率三个方面提供了考核因素。在计量方式方面,除了关注单位产品的环境表现外,该评级体系还关注该表现的年均情况,从而将投资项目研发时间、建设时间等间接成本考虑在内,提出更加全面的评级指标。

　　作为"一带一路"倡议的推动者和绿色金融领域的全球领导者,中国应继续在统一绿色投资识别机制、制定国家投资者普遍接受的高质量国际标准方面发挥重要作用。一方面,在中国资本走出国门,扎根"一带一路"沿线国家的过程中,通过综合评估项目潜在的环境影响,将与环境相关的潜在回报、风险和成本考虑到金融机构的投融资决策之中,提高金融机构和投资企业的环境风险管理能力。另一方面,尽快出台"一带一路"投资项目的环境准入门槛,以绿色评级手段为基础设置有效的对外投资引导工具,切实打造"一带一路"命运共同体。

参考文献

1. 柴麒敏、祁悦、傅莎:《推动"一带一路"沿线国家共建低碳共同体》,《中国发展观察》2017 年第 9 期。

2. 陈柳钦:《国内外绿色信贷的实践路径》,《环境经济》2010 年第 12 期。

3. 董战峰等:《环境经济政策创新改革之年——2014 年国家环境经济政策进展报告》,《环境经济》2015 年第 15 期。

4. 何运强等:《债券信用评级与信用风险》,《管理科学》2003 年第 2 期。

5. 金建君、王志石:《澳门固体废物管理的经济价值评估——选择试验模型法和条件价值法的比较》,《中国环境科学》2005 年第 25 期。

6. 李丹丹:《国开行成功发行首笔准主权国际绿色债券》,2018 年 1 月 17 日,见 http://finance.sina.com.cn/stock/t/2017 - 11 - 10/doc-ifynsait7090593.shtml。

7. 李红强、王礼茂:《中国风电减排 CO_2 的成本测算及其时空分异》,《地理科学》2010 年第 30 期。

8. 李晓光、苗鸿、郑华、欧阳志云、肖炎:《机会成本法在确定生态补偿标准中的应用》,《生态学报》2004 年第 29 期。

9. 李雅婷、李青染等:《中国环境政策费用效益分析方法的构建与应用》,2017 年 5 月。

10. 廖夏伟、谭清良、张雯、马晓明、计军平:《中国发电行业生命周期温室气体减排潜力及成本分析》,《北京大学学报(自然科学版)》2013 年第 49 期。

11. 绿色债券评估方法:2017 年 12 月 13 日,见 http://www.moodys.com/viewresearchdoc.aspx? docid = PBC_188333。

12. 气候债券倡议组织:《关于气候债券标准》,2018 年 1 月 14 日,见 https://cn.climatebonds.net/standards/about。

13. 气候债券倡议组织,2018 年 1 月 17 日,见 https://cn.climatebonds.net/node/84。

14. 钱立华:《我国银行业绿色信贷体系》,《中国金融》2016 年第 22 期。

15. 宋旸、耿兴强、刘向晨、康从钦:《卡西姆港燃煤电站首台机组发电为中巴友谊再添新动力》，《中国电力报》2017 年 12 月 20 日。

16. 王建龙、樊庆锌：《哈尔滨市经济——水环境污染关系研究》，黑龙江：哈尔滨工业大学，2010 年博士毕业论文。

17. 王文、曹明弟：《绿色金融与"一带一路"》，《中国金融》2016 年第 16 期。

18. 肖希、李敏：《英国绿色基础设施估值工具箱方法评鉴》，《城市问题》2016 年第 1 期。

19. 解然：《绿色"一带一路"建设的机遇、挑战与对策》，《国际经济合作》2017 年第 4 期。

20. 薛达元、包浩生、李文华：《长白山自然保护区森林生态系统间接经济价值评估》，《中国环境科学》1999 年第 19 期。

21. 叶琪：《"一带一路"背景下的环境冲突与矛盾化解》，《现代经济探讨》2015 年第 5 期。

22. 袁荃荃：《2016 年我国绿色债券市场发展与投资要点全解析》，2018 年 1 月 14 日，见 http://bond.hexun.com/2017-02-14/188139820.html。

23. 张斌、倪维斗、李政：《考虑减排 CO_2 的几种大规模制氢系统技术经济分析(下)》，《天然气工业》2004 年第 2 期。

24. 赵春明：《"一带一路"倡议与我国绿色产业发展》，《学海》2016 年第 1 期。

25. 中诚信国际绿色债券评估方法：2017 年 10 月 15 日，见 http://www.ccxi.com.cn/cn/Init/baseFile/1047。

26. 中国进出口银行:《中国进出口银行绿色金融白皮书》,2016 年版。

27. 朱源、施国庆、程红光、李天威:《"一带一路"倡议的环境社会政策框架研究》,《河海大学学报:哲学社会科学版》2017 年第 1 期。

28. Ackerman, F., Stanton, E., "Climate risks and carbon prices: Revising the social cost of carbon", *Economics*, No.10, (2012).

29. Bank of China: <Green Bond Management Statement>2018 年 1 月 14 日,见 http://pic.bankofchina.com/bocappd/csr/201607/P020160704315386714161.pdf。

30. Baggott, S.L., Lelland, A., Passant, N.P., & Watterson, J., "Review of carbon emission factors in the UK Greenhouse gas inventory". *Change*, 1990(8. 73), (2002).pp.8-49.

31. Baranzini, A., Ramirez, J.V., "Paying for quietness: the impact of noise on Geneva rents", *Urban Studies*, 42(4), (2005), pp.633-646.

32. Bateman, I., Day, B., Lake, I., Lovett, A., "The effect of road traffic on residential property values: a literature review and hedonic pricing study", Scottish Executive, Vol.207, (2001), pp.148-171.

33. Bollen, J., van der Zwaan, B., Brink, C., Eerens, H., "Local air pollution and global climate change: A combined cost-benefit analysis", *Resource and Energy Economics*, 31(3), (2009), pp.161-181.

34. Chang Y.M., Seip, H.M., & Vennemo, H., "The environmental cost of water pollution in Chongqing, China", *Environment and Development Economics*, 6 (3), (2001), pp.313-333.

35. Choi, Y., Zhang, N., Zhou, P., "Efficiency and abatement costs of energy-related CO_2 emissions in China: a slacks-based efficiency measure", *Applied Energy*, 98, (2012), pp.198-208.

36. Dekkers, J. E., van der Straaten, J. W., "Monetary valuation of aircraft noise: A hedonic analysis around Amsterdam airport", *Ecological Economics*, 68 (11), (2009), pp.2850-2858.

37. Du, L., Hanley, A., Wei, C., "Marginal abatement costs of carbon dioxide emissions in China: a parametric analysis", *Environmental and Resource Economics*, 61(2), (2015), pp.191-216.

38. Ellerman, A. D., Decaux, A., "Analysis of post-Kyoto CO_2 emissions trading using marginal abatement curves", MIT Joint Program on the Science and Pelicy of Global Change, (1998).

39. EPA, Guidelines for preparing economic analyses, Washington, DC, 2014.

40. European Wind Energy Association, The economics of wind energy, EWEA, (2009).

41. Fonta, W.M., Ichoku, H.E., Ogujiuba, K.K., & Chukwu, J.O., "Using a contingent valuation approach for improved solid waste management facility: Evidence from Enugu State, Nigeria", *Journal of African Economies*, 17 (2), (2007), pp.277-304.

42. Freeman III, A.M.The Measurement of Environmental and Resource Val-

ues:Theory and Methods.Washington,DC:Resources for the Future,2003.

43. Hanemann, M., Loomis, J., Kanninen, B., "Statistical efficiency of double-bounded dichotomous choice contingent valuation". *American journal of agricultural economics*,73(4),(1991),pp.1255-1263.

44. Herzog,H.,David,J.,"The Cost of Carbon Capture.In Fifth International Conference on Greenhouse Gas Control Technologies",Cairns,Australia.(2000).

45. Jaramillo,P.,& Muller,N.Z.,"Air pollution emissions and damages from energy production in the US:2002 - 2011", *Energy Policy*,90,(2016),pp. 202-211.

46. Klepper,G.,& Peterson,S.,"Emissions trading,CDM,JI,and more:the climate strategy of the EU",*The Energy Journal*,(2006),pp.1-26.

47. Lancaster, K.J., "A new approach to consumer theory". *Journal of political economy*,74(2),(1966),pp.132-157.

48. Lee,M.,& Zhang,N.,"Technical efficiency,shadow price of carbon dioxide emissions,and substitutability for energy in the Chinese manufacturing industries",*Energy Economics*,34(5),(2012),pp.1492-1497.

49. Mirasgedis,S.,Hontou,V.,Georgopoulou,E.,Sarafidis,Y.,Gakis,N.,et al.,"Environmental damage costs from airborne pollution of industrial activities in the greater Athens,Greece area and the resulting benefits from the introduction of BAT",*Environmental Impact Assessment Review*,28(1),(2008),pp.39-56.

50. Nahman, A., "Pricing landfill externalities: emissions and disamenity

costs in Cape Town, South Africa". *Waste Management*, 31 (9), (2011), pp. 2046–2056.

51. Narula, R.G., Wen, H., Himes, K., "Incremental cost of CO2 reduction in power plants", American Society of Mechanical Engineers, (2002), pp. 283–289.

52. National Renewable Energy Laboratory, 2014 Cost of wind energy review, Golden: NREL, (2015).

53. Nelson, J.P., "Meta-analysis of airport noise and hedonic property values", *Journal of Transport Economics and Policy*, 38(1), (2004), pp.1–27.

54. Nijland, H., & Van Wee, B., "Noise valuation in ex-ante evaluations of major road and railroad projects". *European Jounal of Transport and Intrastructure Research*, 8 (3). (2008), pp.216–226.

55. Papa, M., Pedrazzani, R., & Bertanza, G., "How green are environmental technologies? A new approach for a global evaluation: The case of WWTP effluents ozonation", *Water research*, 47(11), (2013), pp.3679–3687.

56. Pearce, D., Atkinson, G.& Mourato, S., "Cost Benefit Analysis and the Environment", *OECD Environment Working Papers*, No.97, (2015), p.17.

57. Rao, A.B., Rubin, E.S., "A technical, economic, and environmental assessment of amine-based CO2 capture technology for power plant greenhouse gas control", *Environmental Science & Technology*, 36(20), (2002), pp.4467–4475.

58. Reddy, V.R., & Behera, B., "Impact of water pollution on rural commu-

nities：An economic analysis", *Ecological Economics*, 58 (3), (2006), pp. 520-537.

59. Revesz, R., Greenstone, M., Hanemann, M., Livermore, M., Sterner, T., Grab, D. Schwartz, J., "Best cost estimate of greenhouse gases", *Science*, 357 (6352), (2017), pp.655-655.

60. RRP Contribution to the ADB Results Framework,2017 年 12 月 25 日, https://www.adb.org/sites/default/files/linked-documents/47094-001-crf.pdf.

61. Shrestha R, Sharma S, Timilsina G R, et al, "Baseline methodologies for clean development mechanism projects", The UNEP Project CD4CDM, *Economics*, No.2008-25(2014).

62. Tol, R.S., The social cost of carbon：trends, outliers and catastrophes, (2008).

63. Vuuren D P V, Vries B D, Eickhout B, et al., "Responses to technology and taxes in a simulated world", *Energy Economics*, 26 (4), (2004), pp. 579-601.

64. Wang, K., Wei, Y.M., "China's regional industrial energy efficiency and carbon emissions abatement costs".*Applied Energy*, 130, (2014), pp.617-631.

65. Weitzman, M.L., "Why the far-distant future should be discounted at its lowest possible rate", *Journal of Environmental Economics and Management*, 36 (3), (1998), pp.201-208.

66. Yoo, S. H., Kwak, S. J., & Lee, J. S., "Using a choice experiment to

measure the environmental costs of air pollution impacts in Seoul", *Journal of Environmental Management*, 86(1), (2008), pp.308-318.

67. Zhang, J. and Mu, Q., "Air pellution and defensive expenditures; Evidence form particulate-filtering facemasks." *Journal of Environmentad Economics and Management*, In Press, (2018).

责任编辑:曹　春
封面设计:汪　莹
责任校对:吕　飞

图书在版编目(CIP)数据

"一带一路"投资绿色标尺/张俊杰 主编. —北京:人民出版社,2018.4
ISBN 978 - 7 - 01 - 019085 - 3

Ⅰ.①一… 　Ⅱ.①张… 　Ⅲ.①国际投资-研究 　Ⅳ.①F831.6

中国版本图书馆 CIP 数据核字(2018)第 050523 号

"一带一路"投资绿色标尺
YIDAIYILU TOUZI LÜSE BIAOCHI

王文　翟永平　丛书主编　曹明弟　执行主编　张俊杰　主编

人民出版社 出版发行
(100706　北京市东城区隆福寺街 99 号)

北京汇林印务有限公司印刷　新华书店经销

2018 年 4 月第 1 版　2018 年 4 月北京第 1 次印刷
开本:710 毫米×1000 毫米 1/16　印张:9.75
字数:90 千字

ISBN 978 - 7 - 01 - 019085 - 3　定价:39.00 元

邮购地址 100706　北京市东城区隆福寺街 99 号
人民东方图书销售中心　电话 (010)65250042　65289539

王文，中国人民大学重阳金融研究院执行院长，兼任中国金融学会绿色金融专业委员会秘书长、国务院参事室金融研究中心研究员等。主要著作包括《看好中国：一位智库学者的全球演讲》《伐谋：中国智库影响世界之道》《美国的焦虑》等。曾获"2014 中国十大智库人物""2015 中国发展改革领军人物"、2016 影响中国年度智库、2017 中宣部"四个一批"人才等荣誉，2016 年习近平总书记主持哲学社会科学工作座谈会，王文是十位发言学者之一。

翟永平，亚洲开发银行能源部门总监，兼任中国能源研究会能源经济专业委员会副主任委员、中国人民大学重阳金融研究院客座研究员。1989 年在泰国曼谷亚洲理工学院能源技术系担任助理教授。1993 年起进入国际金融机构工作，先后在非洲发展银行、亚洲开发银行工作。

曹明弟，高级经济师，中国人民大学重阳金融研究院绿色金融部副主任、中国人民大学生态金融研究中心研究员。曾从事七年循环经济、节能减排、绿色产业发展等相关政策研究、方案制定等管理咨询工作。2015 年借调到中国人民银行协助筹建中国金融学会绿色金融专业委员会（简称"绿金委"），推动建立绿金委日常运营工作。

参与编著《构建中国绿色金融体系》《生态金融的发展与未来》《绿色金融与"一带一路"》等书。

张俊杰，昆山杜克大学环境研究中心主任、环境政策硕士项目主任、副教授，杜克大学尼古拉斯环境学院副教授，美国亚洲协会资深顾问。2008—2016 年，曾担任加州大学圣地亚哥分校全球政策与战略学院助理教授、副教授。专攻环境经济学，擅长将经济学与环境科学方法相结合，研究环境、能源和气候变化等政策的实证问题。

中国人民大学重阳金融研究院图书出版系列

一、智库作品系列

马中、周月秋、王文主编:《中国绿色金融发展报告2017》,中国金融出版社2018年版

郭业洲主编;金鑫、王文执行主编:《"一带一路"民心相通》,人民出版社2018年版

王文:《看好中国:一位智库学者的全球演讲》,人民出版社2017年版

何亚非:《风云激荡的世界》,人民出版社2017年版

刘伟主编:《读懂"一带一路"蓝图》,商务印书馆2017年版

王文、刘英:《金砖国家:新全球化发动机》,新世界出版社2017年版

费伊楠、人大重阳:《全球治理新格局——G20的中国贡献与未来展望》,新世界出版社2017年版

刘伟主编:《"一带一路"故事系列丛书》(7本6大语种),外文出版社2017年版

何伟文:《世界新平庸　中国新思虑》,科学出版社2017年版

王义桅:《一带一路:中国崛起的天下担当》,人民出版社2017年版

刘戈:《在危机中崛起:美国如何实现经济转型》,中信出版集团2017年版

中国人民大学重阳金融研究院、中国人民大学生态金融研究中心:《绿色金融与"一带一路"》,中国金融出版社2017年版

中国人民大学重阳金融研究院:《破解中国经济十大难题》,人民出版社2017年版

王文:《伐谋:中国智库影响世界之道》,人民出版社2016年版

王文、贾晋京编著:《人民币为什么行》,中信出版集团2016年版

中国人民大学重阳金融研究院:《中国—G20》(大型画册),五洲传播出版社2016年版

中国人民大学重阳金融研究院:《G20问与答》,五洲传播出版社2016年版

辛本健编著:《全球治理的中国方案》,机械工业出版社2016年版

中国人民大学重阳金融研究院:《"一带一路"国际贸易支点城市研究》(英文版),新世界出版社2016年版

中国人民大学重阳金融研究院:《2016:G20与中国》(英文版),新世界出版社2016年版

王义桅:《世界是通的——"一带一路"的逻辑》,商务印书馆2016年版

罗思义:《一盘大棋——中国新命运的解析》,江苏凤凰文艺出版社2016年版

王文:《美国的焦虑:一位智库学者调研美国手记》,人民出版社2016年版

中国人民大学重阳金融研究院:《2016:G20与中国》,中信出版集团2016年版

中国人民大学重阳金融研究院主编:《"一带一路"国际贸易新格局:"一带一路"智库研究蓝皮书(2015—2016)》,中信出版集团2016年版

中国人民大学重阳金融研究院主编:《G20与全球治理:G20智库蓝皮书(2015—2016)》,中信出版集团2015年版

中国人民大学重阳金融研究院：《"一带一路"国际贸易支点城市研究》，中信出版集团2015年版

黑尔佳·策普-拉鲁什、威廉·琼斯主编：《从丝绸之路到欧亚大陆桥》，江苏人民出版社2015年版

王永昌主编：《财富新时代——如何激活百姓的钱》，中国经济出版社2015年版

陈雨露主编：《生态金融的发展与未来》，人民出版社2015年版

绿色金融工作小组：《构建中国绿色金融体系》，中国金融出版社2015年版

王义桅：《"一带一路"：机遇与挑战》，人民出版社2015年版

庞中英：《重塑全球治理——关于全球治理的理论与实践》，中国经济出版社2015年版

徐以升：《金融制裁——美国新型全球不对称权力》，中国经济出版社2015年版

陈雨露主编：《大金融与综合增长的世界——G20智库蓝皮书2014—2015》，中国经济出版社2014年版

中国人民大学重阳金融研究院主编：《欧亚时代——丝绸之路经济带研究蓝皮书2014—2015》，中国经济出版社2014年版

中国人民大学重阳金融研究院主编：《重新发现中国优势》，中国经济出版社2014年版

中国人民大学重阳金融研究院主编：《谁来治理新世界——关于G20的现状与未来》，社会科学文献出版社2014年版

二、学术作品系列

张燕玲：《商业保理发展指南》，中国金融出版社2017年版

郑志刚：《从万科到阿里——分散股权时代的公司治理》，北京大学出版社2017年版

中国人民大学重阳金融研究院：《金融杠杆与宏观经济：全球经验及对中国的启示》，中国金融出版社2017年版

马勇：《DSGE宏观金融建模及政策模拟分析》，中国金融出版社2017年版

朱澄：《金融杠杆水平的适度性研究》，中国金融出版社2016年版

马勇：《金融监管与宏观审慎》，中国金融出版社2016年版

庄毓敏、陆华强、黄隽主编：《中国艺术品金融2015年度研究报告》，中国金融出版社2016年版

三、金融下午茶系列

董希淼：《有趣的金融》，中信出版集团2016年版

刘志勤：《插嘴集》，九州出版社2016年版

刘志勤：《多嘴集》，九州出版社2014年版

中国人民大学重阳金融研究院主编：《金融是杯下午茶》，东方出版社2014年版